新时代系列丛书

曲青山　主编

新时代的
中国

沈传亮　著

中国大百科全书出版社

图书在版编目（CIP）数据

新时代的中国 / 沈传亮著. --北京：中国大百科
全书出版社，2024.1
（新时代系列/曲青山主编）
ISBN 978-7-5202-1470-4

Ⅰ．①新… Ⅱ．①沈… Ⅲ．①中国特色社会主义-社
会主义建设模式-研究 Ⅳ.①D616

中国国家版本馆CIP数据核字（2023）第231242号

出 版 人：刘祚臣
策 划 人：蒋丽君
责任编辑：周　宁
责任校对：马　跃
责任印制：魏　婷
封面设计：吾然设计工作室
出版发行：中国大百科全书出版社
地　　址：北京阜成门北大街 17 号
邮政编码：100037
电　　话：010-88390691
图文制作：北京杰瑞腾达科技有限公司
印　　制：北京汇瑞嘉合文化发展有限公司
字　　数：201 千字
印　　张：12.75
开　　本：710 毫米 ×1000 毫米 1/16
版　　次：2024 年 1 月第 1 版
印　　次：2024 年 1 月第 1 次印刷
书　　号：ISBN 978-7-5202-1470-4
定　　价：78.00 元

丛书序

习近平总书记在庆祝中国共产党成立一百周年大会的重要讲话中，以四个历史时期概括了我们党百年奋斗历程。他指出，一百年来，为了实现中华民族伟大复兴，中国共产党团结带领中国人民，浴血奋战、百折不挠，创造了新民主主义革命的伟大成就；自力更生、发愤图强，创造了社会主义革命和建设的伟大成就；解放思想、锐意进取，创造了改革开放和社会主义现代化建设的伟大成就；自信自强、守正创新，统揽伟大斗争、伟大工程、伟大事业、伟大梦想，创造了新时代中国特色社会主义的伟大成就。

党的十八大以来，中国特色社会主义进入新时代。新时代是承前启后、继往开来、在新的历史条件下继续夺取中国特色社会主义伟大胜利的时代，是决胜全面建成小康社会、进而全面建设社会主义现代化强国的时代，是全国各族人民团结奋斗、不断创造美好生活、逐步实现全体人民共同富裕的时代，是全体中华儿女戮力同心、奋力实现中华民族伟大复兴中国梦的时代，是我国日益走近世界舞台中央、不断为人类做出更大贡献的时代。

如果说党在新民主主义革命时期的奋斗是为了救国，在社会主义革命和建设时期的奋斗是为了兴国，在改革开放和社会主义现代化建设新时期的奋斗是为了富国，那么，在中国特色社会主义新时代的奋斗则是为了强国。革命、建设、改革，救国、兴国、富国，为新时代全面建设社会主义现代化强国、实现中华民族伟大复兴的中国梦奠定了坚实基础。

中国特色社会主义新时代是党史、新中国史划时代的一个新坐标。新时代标注了党和国家发展的新的历史方位，它既是我国改革开放和社会主义现代化建设新时期的延伸，同时又是新的历史阶段的开始。10年来，以习近平同志为核心的党中央以巨大的政治勇气和强烈的责任担当，提出一系列新理念新思想新战略，出台一系列重大方针政策，推出一系列重大举措，推进一系列重大工作，解决了许多长期想解决而没有解决的难题，办成了许多过去想办而没有办成的大事，推动党和国家事业取得了历史性成就、发生历史性变革。我们全面建成小康社会，开启全面建设社会主义现代化国家新征程，这意味着中华民族迎来了从站起来、富起来到强起来的伟大飞跃，迎来了实现伟大复兴的光明前景。

一个新的伟大征程已经在我们面前展开，一段更为艰巨复杂的光辉事业正等待我们去开创。行百里者半九十，创造新时代的辉煌，铸就新时代的丰碑，绝不是轻轻松松、敲锣打鼓就能实现的，必须准备付出更为艰巨、更为艰苦的努力。新时代必须一以贯之坚持和发展中国特色社会主义；必须一以贯之推进党的建设新的伟大工程；必须一以贯之增强忧患意识、防范化解风险挑战。

新时代已经走过了 10 年历程，还在继续向前发展。认真研究和总结新时代取得的历史性成就、发生的历史性变革，对于我们从宏观上进一步正确认识和把握党史、新中国史，坚定"四个自信"，奋力实现第二个百年奋斗目标、实现中华民族伟大复兴的中国梦，具有十分重要的历史意义和现实意义。摆在读者面前的"新时代系列丛书"，正是在这样的使命召唤下应运而生的。

用凝练、通俗、生动的阐述来全方位、多视角向读者展示中国特色社会主义新时代的历史进程、重大成就、宝贵经验，是"新时代系列丛书"力求达到的目的。希望丛书第一阶段成果的出版，可以帮助广大读者更好地学习、理解和践行习近平新时代中国特色社会主义思想，更进一步凝聚力量、增强信心，在新征程上为全面建设社会主义现代化国家而继续奋斗。同时，也期待本丛书的出版能够带动理论界、学术界进一步深化对中国特色社会主义新时代的研究，推出更多更好的展现新时代中国智慧、中国方案、中国力量的精品力作。

曲青山

2021 年 10 月 28 日

目录

进入新时代　实现中国梦

　　党的十八大以来，中国特色社会主义进入新时代。在这个时代，中国共产党要带领中国人民和中华民族实现伟大复兴。2012 年 11 月 29 日，习近平总书记在国家博物馆参观《复兴之路》展览时，首次提出实现中华民族伟大复兴的"中国梦"的新目标。中国最高领导人的这一举动，引发国内外高度关注。美国《纽约时报》指出，"中国梦"就是要完成"两个一百年"奋斗目标，并建成强盛中国、文明中国、美丽中国。自 2012 年年底开始，中国共产党坚持以新思想为指导，适应新方位、把握新矛盾、明确新使命，攻坚克难、砥砺奋进，推动中国向着新目标——实现中国梦进发。

一、中国梦，谁的梦

　　自 1840 年以来，中国人就为了摆脱落后挨打、走向现代化而努力。中国民主革命的伟大先驱孙中山，提出了"振兴中华"的口号并为之不懈努力，但也没有找到民族复兴的正确道路。

　　1932 年，商务印书馆主办的《东方杂志》曾发起过一场关于梦想问题的讨论。主编胡愈之先生向全国各界知名人士发出了 400 余份信函，提出了两个问题：一是先生梦想中的未来中国是怎样的，二是先生个人生活中有什么梦想。这次活动得到了热烈回应，柳亚子、徐悲鸿、郑振铎、巴金、老舍等 142 位社会各界知名人士寄来答函。作家施蛰存

《东方杂志》书影

梦想中的未来中国"是一个太平的国家，富足，强盛"。著名诗人柳亚子梦想中的未来世界"是一个社会主义的大同世界"。燕京大学教授郑振铎更是宣称，"我们将建设了一个伟大的社会主义的国家"。足见，中国人一直对未来有着美好憧憬。

中国无产阶级革命家方志敏具有强烈的民族自尊心和自信心，他认为：中华民族在很早就建造了万里长城，开凿了运河，古代中华民族能够创造这些伟绩，就说明中华民族是一个具有无限创造力的民族。当这个民族得到了自由与解放时，它的创造潜力将会无限地发挥出来，届时的中国必定能实现民族的复兴、国家的富强和人民的幸福。在《可爱的中国》一文中，他深情地写道："我相信，到那时，到处都是活跃跃的创造，到处都是日新月异的进步，欢歌将代替了悲叹，笑脸将代替了哭脸，富裕将代替了贫穷，康健将代替了疾苦，智慧将代替了愚昧，友爱将代替了仇杀，生之快乐将代替了死之悲哀，明媚的花园将代替了凄凉的荒地！这时，我们民族就可以无愧色的立在人类的面前，而生育我们的母亲，也会最美丽地装饰起来，与世界上各位母亲平等的携手了。这么光荣的一天，决不在辽远的将来，而在很近的将来"[1]。

1935 年，方志敏在狱中

进入新时代，着眼于中国发展铸就的雄厚基础和未来憧憬，习近平总书记提出了"中国梦"，反映了中国人包括海外同胞的共同心声、共同意愿、共同意志，凝聚了全国各族人民的最大共识，极大地激发了中华儿女发展国家、振兴民族的热情。

包含国家富强、民族振兴、人民幸福的中国梦，既是国家的梦、民族的

1　方志敏.可爱的中国.方志敏文集.南昌：江西人民出版社，1999：132.

梦，也是每一个中国人的梦。中国新闻评论员白岩松说，每一个个体更有尊严、更幸福、有更平等实现梦想的机会，这是中国梦的含义。用很简单的一句话概括："中国梦"是一个由国到家的过程。美国中国问题专家沈大伟教授指出，"中国梦"作为习近平主席和中国第五代领导人执政的基本理念，一出现就引起了国内外的广泛关注。"中国梦"一直深藏于中国人心中，无论从中国近代史还是清末时期都能找到它的踪影。今天，当中国力图重拾其世界大国的地位和影响时，"中国梦"展示了中华民族的认同感，对于世界人民而言，了解几代中国人的夙愿意义重大。[1]

二、新时代，什么样

要实现中国梦，必须先明确所处的历史方位，也就是说要认清新时代的内涵、意义、定位，以及在这个时代要解决的主要矛盾。

新时代是建立在中华人民共和国成立以来尤其是改革开放以来，在党的坚强领导下，全党全国各族人民自力更生、艰苦奋斗基础之上的。中国经过多年努力，经济总量稳居世界第二，人均国内生产总值（GDP）也进入上中等收入国家行列。

党的十八大的召开是新时代的起点。这是因为，党的十八大以来，以习近平同志为核心的党中央，立足中华民族伟大复兴战略全局和世界百年未有之大变局，攻坚克难、励精图治、开拓进取，取得历史性成就、发生历史性变革，度过了极不平凡的流金岁月。

中国特色社会主义进入新时代，意味着近代以来久经磨难的中华民族迎来了从站起来、富起来到强起来的伟大飞跃，迎来了实现中华民族伟大复兴的光明前景；意味着科学社会主义在21世纪的中国焕发出强大生机活力，在世界上高高举起了中国特色社会主义伟大旗帜；意味着中国特色社会主义道路、理论、制度、文化不断发展，拓展了发展中国家走向现代化的途径，给世界上那些既希望加快发展又希望保持自身独立性的国家和民族提供了全新选择，为解决人类问题贡献了中国智慧和中国方案。这三个"意味着"，指明了新时代新

1　任晓驷.中国梦：谁的梦？.北京：新世界出版社，2013：175.

在中华民族的地位变了、新在科学社会主义的生命力增强了、新在中国式现代化成功了。

2012 年 11 月 8 日，中国共产党第十八次全国代表大会在北京召开

这个新时代，是承前启后、继往开来、在新的历史条件下继续夺取中国特色社会主义伟大胜利的时代，是决胜全面建成小康社会进而全面建设社会主义现代化强国的时代，是全国各族人民团结奋斗、不断创造美好生活、逐步实现全体人民共同富裕的时代，是全体中华儿女勠力同心、奋力实现中华民族伟大复兴中国梦的时代，是我国不断为人类作出更大贡献的时代。这个定位体现了历史和现实的延续、目标和手段的结合、国内和国际的互动，反映了当代中国共产党人的远大理想追求。

"中国特色社会主义进入新时代"这一重大政治论断，无论是在中华人民共和国发展史上、中华民族发展史上，还是在世界社会主义发展史上、人类社会发展史上，都有着重大意义。

这一重大论断的理论意义，体现为在新的历史条件下为中国的发展明确了历史方位。准确的历史方位判定，反映了习近平总书记既登高望远又脚踏实地笃行知行合一的政治智慧，是党的十八大以来党中央推动实践创新基础上的理论创新的重大成果。"中国特色社会主义进入新时代"这一重大论断是习近平新时代中国特色社会主义思想这一马克思主义中国化时代化最新成果的重要组成部分。

这一重大论断的时代意义，主要体现在中国发展和中华民族成长的现实性和阶段性。这表明我们从 20 世纪 80 年代进行改革开放的目的是为了跟上时代，逐渐转变到我们不仅跟上了时代，实现了富起来、强起来，在某些方面还成为时代的引领者。这对于中国和中华民族前途命运具有巨大时代意义。

这一重大论断的世界意义，在于中华民族经过长期努力创造了中国奇迹，成为世界第二大经济体，且国泰民安、前景光明，这都是可镌刻在人类发展史上的丰功伟绩。中国特色社会主义秉承科学社会主义基本原理，体现了中国风格、中国气派，为世界社会主义发展注入了强大活力。

应该指出，中国特色社会主义进入了新时代，这个新时代仍是属于社会主义初级阶段的时段，而不是超越或脱离社会主义初级阶段的时段。

这是上海市浦东新区陆家嘴（图片摄于 2011 年 12 月 7 日）。改革开放以来，中国经济平稳发展，经济总量自 2010 年开始跃居世界第二

实现美好梦想，必须解决中国社会的主要矛盾。而中国社会的主要矛盾又不是一成不变的，而是在变化过程中的。看不到变化，就会犯错误。把握不准变化，也会迷失方向。社会主要矛盾在新时代发生变化了。矛盾的变化也是中

国进入新时代的重要原因。

1978 ~ 2012 年，中国社会的主要矛盾是人民日益增长的物质文化需要同落后的社会生产之间的矛盾。改革开放以来，中国共产党带领全国人民坚持自力更生、发扬艰苦奋斗精神，不断解放思想、与时俱进，取得了举世瞩目的辉煌成就。这些成就体现在经济、政治、文化、社会、生态文明等方方面面。随着中国温饱问题的稳定解决和全面建成小康社会，国内社会主要矛盾的人民需求这一端也相应发生了根本变化。同时，我们牢牢扭住解放和发展生产力这个根本任务，始终坚持以经济建设为中心不动摇，社会生产力水平总体上显著提高，社会生产能力很多方面进入世界前列，原来主要矛盾的另外一端生产力水平也发生了质的变化。总体上看，党的十八大以来，随着中国和平崛起、综合实力增强，中国社会的主要矛盾已经发生重大转化。

这种转化具体就是，中国特色社会主义进入新时代后，我国社会主要矛盾已经转化为人民日益增长的美好生活需要和不平衡不充分的发展之间的矛盾。必须深刻认识到，我国社会主要矛盾的这种转化关系全局，是历史性变化，对党和国家工作提出了许多新要求。看不到中国社会主要矛盾的转化或不能根据主要矛盾的转化制定新的任务，就会犯严重的历史性错误。因此，我们要在坚持推动发展的基础上，着力解决好区域不平衡、城乡不平衡等发展问题，着力解决好经济、政治、文化、社会、生态文明等方面发展程度不够充分的问题，在更好地满足人民物质文化需要的同时，还要满足人民对美好生活日益广泛的需要，包括民主、法治、公平、正义、安全、环境等诸多方面的需要。

当然，我们还要清醒地看到，我国社会主要矛盾的转化，没有改变我国社会主义所处的历史阶段，我国仍处于并将长期处于社会主义初级阶段的基本国情没有变，我国是世界上最大发展中国家的国际地位没有变。这就表明我们的判断，从党的十八大提出的"三个没有变"（其中包括我国社会主要矛盾没有变）变为党的十九大提出的"两个没有变"，即基本国情和国际地位没有变。这一政治上的清醒十分难得，表明我们党很好地坚持了历史唯物主义和辩证唯物主义，清晰指出了我们国家发展的变和不变：变的是随着我们努力奋斗，国家实力增强了，百姓需求多样多层多元了；不变的是我们依然还处在不发达的阶段，我们在全球的发展中国家地位没有变。

解决新时代的主要矛盾，必须立足实际国情，坚持党的基本路线不动摇。习近平总书记在党的十九大报告中指出，全党要牢牢把握社会主义初级阶段这个国情，牢牢立足社会主义初级阶段这个最大实际，牢牢坚持党的基本路线这个党和国家的生命线、人民的幸福线，领导和团结全国各族人民，以经济建设为中心，坚持四项基本原则，坚持改革开放，自力更生，艰苦创业，为把我国建设成为富强民主文明和谐美丽的社会主义现代化强国而奋斗。与党的十八大相比，这一表述也颇有新意，奋斗目标中增加了"美丽"，把现代化国家改为了"现代化强国"，体现了新时代的新追求。

有的人说，建成社会主义现代化强国之日，就是中华民族伟大复兴实现之时。虽然我们还没有明确具体实现民族复兴的标准是什么，但在中国人心里，建成强国是个前提。

这是江西省瑞金市红四军大柏地战斗战场遗址附近的民居。进入新时代，革命老区群众不忘初心，砥砺前行，共同创建美丽家园（图片摄于 2019 年 5 月）

三、新方位，有了新使命

不忘初心，方得始终。中国共产党人要不忘初心、牢记使命，要以永不懈怠的精神状态和一往无前的奋斗姿态，为中国人民谋幸福、为中华民族谋复兴。这是在中国特色社会主义进入新时代，中国共产党人必须担负起的历史使命。

中国共产党是一个使命型政党。中国共产党一经成立，就把实现共产主义作为党的最高理想和最终目标，义无反顾地肩负起实现中华民族伟大复兴的历史使命，团结带领人民进行了艰苦卓绝的斗争，谱写了气吞山河的壮丽史诗。我们党团结带领人民进行了新民主主义革命，取得全国政权之后，完成了社会主义革命，确立了社会主义制度，推进了社会主义建设，并在新时期进行了改革开放新的伟大革命，不断破除阻碍国家和民族发展的各种思想和体制障碍，开辟了中国特色社会主义道路，使中国大踏步赶上时代。在党的十九大报告中，习近平总书记明确指出，今天，我们比历史上任何时期都更接近、更有信心和能力实现中华民族伟大复兴的目标。行百里者半九十。中华民族伟大复兴，绝不是轻轻松松、敲锣打鼓就能实现的。全党必须准备付出更为艰巨、更为艰苦的努力。

担负起新时代的历史使命，实现伟大梦想，必须进行伟大斗争。党的十八大以来，习近平总书记多次提出准备进行许多具有新的历史特点的伟大斗争。因为解决方方面面的矛盾，就必须进行斗争。斗争是解决矛盾和问题的基本方式和手段。我们今天进行的斗争是要解决前进道路上的新矛盾、新问题。我们要充分认识到伟大斗争的长期性、复杂性和艰巨性，发扬斗争精神，增强全党全国各族人民的志气、骨气、底气、不信邪、不怕鬼、不怕压，知难而进、迎难而上，统筹发展和安全，全力战胜前进道路上各种困难和挑战，依靠顽强斗争打开事业发展新天地。

担负起新时代的历史使命，实现伟大梦想，必须建设伟大工程。办好中国的事情，关键在党，关键在党要管党、全面从严治党。改革开放以来，我们始终注意加强党的领导，从严治党，努力推进党的建设新的伟大工程。党的十八大以来，以习近平同志为核心的党中央，全面加强党的领导和党的建设，提出全面从严治党，目的就是要建设好伟大工程。新时代完成新使命，我们要更加自觉地坚持党性原则，按照新时代党的建设总要求，贯彻新时代党的组织路线，不断加强党的政治建设、思想建设、组织建设、作风建设和纪律建设，不断健全全面从严治党体系，坚定不移推进反腐败斗争，切实增强党的政治领导力、思想引领力、群众组织力、社会号召力，确保我们党永葆旺盛生命力和强大战斗力。

担负起新时代的历史使命，实现伟大梦想，必须推进伟大事业。中国特色社会主义事业，是我们党和亿万人民的共同事业，是我们实现民族复兴使命的坚实基础。历史和实践证明，只有中国特色社会主义才能发展中国。我们要增强中国特色社会主义自信，包括道路自信、理论自信、制度自信和文化自信，保持强大的战略定力，始终坚持走独立自主的中国道路。

伟大斗争、伟大工程、伟大事业、伟大梦想这"四个伟大"，紧密联系、相互贯通、相互作用，其中起决定性作用的是党的建设新的伟大工程，推进伟大工程要结合伟大斗争、伟大事业、伟大梦想的实践来进行。担负起历史使命，实现伟大梦想，必须统筹推进"四个伟大"。

四、新思想，引领开创新局面

中国特色社会主义进入新时代，要实现中国梦的新目标、开创中国伟大事业新局面，特别需要新的指导思想。一个时代有一个时代的思想。新时代的新思想就是习近平新时代中国特色社会主义思想。日本东京大学川岛真教授在接受日本广播协会（NHK）采访时表示："为适应'新时代'，中国必须变强；如果没有这一新思想，中国就无法变强。"

党的十八大以来，以习近平同志为核心的党中央，在实践基础上大力推进理论创新，系统回答了新时代坚持和发展什么样的中国特色社会主义、怎样坚持和发展中国特色社会主义等重大时代课题，创立了习近平新时代中国特色社会主义思想这一马克思主义中国化时代化最新成果。在新时代继续推进中国特色社会主义伟大事业、完成历史性使命，必须坚持以习近平新时代中国特色社会主义思想为指导。

习近平新时代中国特色社会主义思想，是党的理论创新史上的一个新的里程碑，是对马克思列宁主义、毛泽东思想、邓小平理论、"三个代表"重要思想、科学发展观的继承和发展，是当代中国马克思主义、二十一世纪马克思主义，是中华文化和中国精神的时代精华，实现了马克思主义中国化时代化新的飞跃，是全党全国人民为实现中华民族伟大复兴而奋斗的行动指南，必须长期坚持并不断丰富发展。

坚持习近平新时代中国特色社会主义思想的指导，就要深刻理解其主要内容，系统把握"十个明确""十四个坚持"和"十三个方面成就"。

"十个明确"指：①明确中国特色社会主义最本质的特征是中国共产党领导，中国特色社会主义制度的最大优势是中国共产党领导，中国共产党是最高政治领导力量，全党必须增强"四个意识"、坚定"四个自信"、做到"两个维护"；②明确坚持和发展中国特色社会主义，总任务是实现社会主义现代化和中华民族伟大复兴，在全面建成小康社会的基础上，分两步走在本世纪中叶建成富强民主文明和谐美丽的社会主义现代化强国，以中国式现代化推进中华民族伟大复兴；③明确新时代我国社会主要矛盾是人民日益增长的美好生活需要和不平衡不充分的发展之间的矛盾，必须坚持以人民为中心的发展思想，发展全过程人民民主，推动人的全面发展、全体人民共同富裕取得更为明显的实质性进展；④明确中国特色社会主义事业总体布局是经济建设、政治建设、文化建设、社会建设、生态文明建设五位一体，战略布局是全面建设社会主义现代化国家、全面深化改革、全面依法治国、全面从严治党四个全面；⑤明确全面深化改革总目标是完善和发展中国特色社会主义制度、推进国家治理体系和治理能力现代化；⑥明确全面推进依法治国总目标是建设中国特色社会主义法治体系、建设社会主义法治国家；⑦明确必须坚持和完善社会主义基本经济制度，使市场在资源配置中起决定性作用，更好发挥政府作用，把握新发展阶段，贯彻创新、协调、绿色、开放、共享的新发展理念，加快构建以国内大循环为主体、国内国际双循环相互促进的新发展格局，推动高质量发展，统筹发展和安全；⑧明确党在新时代的强军目标是建设一支听党指挥、能打胜仗、作风优良的人民军队，把人民军队建设成为世界一流军队；⑨明确中国特色大国外交要服务民族复兴、促进人类进步，推动建设新型国际关系，推动构建人类命运共同体；⑩明确全面从严治党的战略方针，提出新时代党的建设总要求，全面推进党的政治建设、思想建设、组织建设、作风建设、纪律建设，把制度建设贯穿其中，深入推进反腐败斗争，落实管党治党政治责任，以伟大自我革命引领伟大社会革命。

"十四个坚持"指：①坚持党对一切工作的领导；②坚持以人民为中心；③坚持全面深化改革；④坚持新发展理念；⑤坚持人民当家作主；⑥坚持全面依法治国；⑦坚持社会主义核心价值体系；⑧坚持在发展中保障和改善民生；⑨坚持人与自然和谐共生；⑩坚持总体国家安全观；⑪坚持党对人民军队的绝对领导；⑫坚持"一国两制"和推进祖国统一；⑬坚持推动构建人类命运共同体；⑭坚持全面从严治党。

"十三个方面成就"体现在：①坚持党的全面领导；②全面从严治党；③经济建设；④全面深化改革开放；⑤政治建设；⑥全面依法治国；⑦文化建设；⑧社会建设；⑨生态文明建设；⑩国防和军队建设；⑪维护国家安全；⑫坚持"一国两制"和推进祖国统一；⑬外交工作。

习近平新时代中国特色社会主义思想凝结着中国共产党坚持和发展中国特色社会主义的宝贵经验，反映了以习近平同志为核心的党中央对共产党执政规律、社会主义建设规律、人类社会发展规律认识的深化、拓展、升华，体现了理论与实际相结合、认识论和方法论相统一的鲜明特色。习近平总书记是这个思想的决定性贡献者和主要创立者。

习近平总书记以非凡理论勇气、卓越政治智慧、强烈使命担当，以"我将无我，不负人民"的赤子情怀，赢得了全党全军全国各族人民的爱戴和拥护。英国《每日电讯报》在2013年6月1日发表的文章中说，"习近平是一位真正的领袖"，"有巨大的自信"，而中国恰恰需要这样一位领袖。新加坡政治家李光耀在《李光耀观天下》一书中提到，习近平的大气让我印象深刻。他视野广阔，看待问题深刻透彻，但又丝毫不炫耀才识。他给人的感觉很庄重，这是我对他的第一印象。[1]

在以习近平同志为核心的党中央坚强领导下，中国在新时代一定会阔步前行，进而全面建成富强民主文明和谐美丽的社会主义现代化强国，如期实现中华民族的伟大复兴，完成历史和人民赋予中国共产党的光荣使命。

1　李光耀.李光耀观天下（精装版）.北京：北京大学出版社，2018：91.

第一章

全面深化改革开放

　　改革开放是中国共产党在新的历史条件下带领全国各族人民进行的新的伟大革命，正是这个伟大革命推动了中国特色社会主义事业的伟大飞跃。实践充分证明，没有改革开放，就没有中国特色社会主义，就没有今天中国兴旺发达的大好局面。[1]进入新时代，以习近平同志为核心的党中央，面对改革进入攻坚期和深水区的新形势，面对历史方位和社会主要矛盾的新变化，高举改革开

这是海南博鳌乐城国际医疗旅游先行区（图片摄于 2018 年 8 月 21 日）。在改革开放 40 周年之际，推进海南自贸试验区建设是彰显中国扩大对外开放、积极推动经济全球化决心的重大举措

1　习近平.在党的十九届一中全会上的讲话.求是，2018（01）.

放伟大旗帜，把全面深化改革总目标作为习近平新时代中国特色社会主义思想的重要组成部分，把坚持全面深化改革作为新时代中国特色社会主义的基本方略，推动形成全面开放新格局，推动改革开放理论和实践取得重大突破，开创了中国改革开放和社会主义现代化建设的全新局面。

一、改革开放是"关键一招"

1978 年年底开启的改革开放，不仅影响了整个世界，也深刻地改变了中国。习近平总书记称："改革开放是党和人民大踏步赶上时代的重要法宝，是坚持和发展中国特色社会主义的必由之路，是决定当代中国命运的关键一招，也是决定实现'两个一百年'奋斗目标、实现中华民族伟大复兴的关键一招。"[1]

实现民富国强是近代以来中国人孜孜以求的奋斗目标，但这一目标长期未能实现。在艰辛探索中，中国共产党深切认识到"不改革开放，只有死路一条"。实施改革开放，努力改变不适应生产力的生产关系和不适应经济基础的上层建筑，极大解放和发展了社会生产力，极大调动了人们干事创业的积极

20 世纪 70 年代，广州举行中国出口商品交易会，增进东南亚各国人民友谊

---

1 习近平.论坚持全面深化改革.北京：中央文献出版社，2018：512-513.

性。通过实施对外开放，中国抓住了从 20 世纪 70 年代开始不断加速的东亚地区劳动密集型出口加工产业活动跨境转移的机遇，抓住了全球经济繁荣的机遇期，分享了经济全球化和全球技术进步的红利。短短几十年，中国绝大多数群众实现了从温饱到小康的历史性跨越，国家的综合实力和国际社会影响力大幅提升。回顾改革开放以来的历程，每一次重大改革都给党和国家发展注入新的活力、给事业前进增添强大动力，党和人民事业就是在不断深化改革中波浪式前进的。实践表明，改革开放是强国之路、富民之路、必由之路。美国智库卡内基国际和平研究院亚洲项目的非常驻资深研究员何立强认为，中国改革开放以来取得的成就有目共睹，发展速度之快超过很多西方观察家的预期。

过去，中国用改革的办法解决了事业发展中的一系列问题。当前，国内外环境正在发生极为广泛而深刻的变化，中国发展面临一系列矛盾和挑战，前进道路上还有不少困难和问题，如发展中不平衡、不协调、不可持续问题依然突出，产业结构不合理，发展方式依然粗放，城乡区域发展差距和居民收入分配差距依然较大，社会矛盾明显增多，教育、就业、社会保障、医疗、住房、生态环境、食品药品安全、安全生产、社会治安、执法司法等关系群众切身利益的问题较多，部分群众生活困难，形式主义、官僚主义问题突出，等等。这些矛盾和问题交织叠加、错综复杂。解决发展中面临的难题，化解来自各方面的风险挑战，推动经济社会持续健康发展，实现"两个一百年"奋斗目标，根本上还是靠改革开放。

进入新时代，站在新起点，继续开创中国特色社会主义事业新境界、全面建设社会主义现代化、实现中华民族伟大复兴，必须坚定不移推进改革开放。

二、顶层设计全面深化改革

在改革开放来到新的重要关头之际，2013 年 11 月党的十八届三中全会审议通过的《中共中央关于全面深化改革若干重大问题的决定》，就全面深化改革作出总体部署，提出了全面深化改革的指导思想、目标任务、重大原则，合理布局了全面深化改革的战略重点、优先顺序、主攻方向、工作机制、推进方式，开启了全面深化改革、系统整体设计推进改革的新时代。

1. 坚持正确方向

方向决定道路，道路决定命运。新时代推进全面深化改革，必须坚持正确的改革方向，坚持以人民为中心的改革价值取向，决不能犯根本性错误。

改革开放是一场深刻革命，必须坚持正确方向，沿着正确道路前进。习近平总书记指出："推进改革的目的是要不断推进我国社会主义制度的自我完善和发展，赋予社会主义新的生机活力。这里面最核心的是坚持和改善党的领导、坚持和完善中国特色社会主义制度，偏离了这一条，那就南辕北辙了。"[1] 改革不是改向，今天，我们所进行的一切改革，都要坚持正确的方向，在涉及道路、理论、制度、文化等根本性问题上，在大是大非面前，必须立场坚定，绝不犯颠覆性错误。该改的、能改的我们坚决改，不该改的、不能改的坚决不改。党的领导是改革开放取得成功的根本原因。不管改革开放推进到什么程度，都必须坚持党的领导。正是因为始终坚持党的集中统一领导，我们才能实现伟大历

江苏省江阴市周庄镇山泉村通过集成化改革，走出了一条以人民为中心的幸福路
（图片摄于 2018 年 3 月 8 日）

---

1 中共中央宣传部. 习近平新时代中国特色社会主义思想学习纲要. 北京：学习出版社、人民出版社，2019：85-86.

史转折，才能开启改革开放新时期和中华民族伟大复兴新征程。改革开放每一步都不是轻而易举的，未来必定会面临这样那样的风险挑战，甚至会遇到难以想象的惊涛骇浪。推动全面深化改革，必须充分发挥党总揽全局、协调各方的领导核心作用，坚持科学执政、民主执政、依法执政，完善党的领导方式和执政方式，提高党的执政能力和领导水平，不断提高党把方向、谋大局、定政策、促改革的能力和定力，确保改革开放这艘航船沿着正确航向破浪前行。

坚持以人民为中心的改革价值取向。习近平总书记强调，我们推进改革的根本目的，是要让国家变得更加富强、让社会变得更加公平正义、让人民生活得更加美好。全面深化改革，无论改什么、改到哪一步，都要坚持以人民为中心的改革价值取向。贯彻落实这一改革价值取向，要把以人民为中心的发展思想体现在改革全过程，做到老百姓关心什么、期盼什么，改革就要抓住什么、推进什么，通过改革给人民群众带来更多获得感。要把促进社会公平正义、增进人民福祉作为全面深化改革的出发点和落脚点，着眼创造更加公平正义的社会环境，不断克服各种有违公平正义的现象，使改革发展成果更多更公平惠及全体人民。要推出一批能叫得响、立得住、群众认可的硬招实招，处理好改革"最先一公里"和"最后一公里"的关系，突破"中梗阻"，防止不作为，把改革方案的含金量充分展示出来。要坚守改革开放初心，把为人民谋幸福作为检验改革成效的标准，做到凡是有利于党和人民事业的，就坚决干、加油干、一刻不停歇地干；凡是不利于党和人民事业的，就坚决改、彻底改、一刻不耽误地改。要尊重人民首创精神，依靠人民推进改革。改革开放在认识和实践上的每一次突破和发展，改革开放中的每一个新生事物的产生和发展，改革开放每一个方面的创造和积累，无不来自亿万人民的实践和智慧。改革发展稳定任务越重，我们越要保持党同人民群众的血肉联系，善于从人民的实践创造和发展要求中改善政策主张，不断为全面深化改革夯实群众基础。

2．准确理解总目标

在党的十八届三中全会上，以习近平同志为核心的党中央总结历史经验，明确提出全面深化改革总目标是完善和发展中国特色社会主义制度、推进国家治理体系和治理能力现代化。这是改革进程本身向前拓展提出的客观要求，体现了中国共产党对改革认识的深化和系统化，是中国共产党理论创新史上的重大突破。

针对有人只讲国家治理体系和治理能力现代化，而忽略"完善和发展中国特色社会主义制度"，把全面深化改革总目标两句话割裂开看的错误倾向，习近平总书记指出，全面深化改革总目标是两句话组成的一个整体，"前一句，规定了根本方向，这个方向就是中国特色社会主义道路，而不是其他什么道路；后一句，规定了在根本方向指引下完善和发展中国特色社会主义制度的鲜明指向。两句话都讲，才是完整的。"[1]完善和发展中国特色社会主义制度，规定了全面深化改革的根本方向。推进国家治理体系和治理能力现代化，是完善和发展中国特色社会主义制度的必然要求，也是坚持中国特色社会主义道路、建设社会主义现代化强国的题中应有之义。

国家治理体系和治理能力是一个国家的制度和制度执行能力的集中体现。

通过建设科学合理的灾后恢复重建体系，四川省宝兴县芦山地震灾区取得了阶段性成果，体现了国家治理体系和治理能力现代化的提升（图片摄于2015年3月13日）

1　中共中央宣传部.习近平总书记系列重要讲话读本（2016年版）.北京：学习出版社、人民出版社，2016：71.

国家治理体系是在党领导下管理国家的制度体系，国家治理能力则是运用国家制度管理社会各方面事务的能力。国家治理体系和治理能力是一个有机整体，相辅相成，有了好的国家治理体系才能提高治理能力，提高国家治理能力才能充分发挥国家治理体系的效能。习近平总书记指出："我们讲过很多现代化，包括农业现代化、工业现代化、科技现代化、国防现代化等，国家治理体系和治理能力现代化是第一次讲"[1]。国家治理体系和治理能力现代化的提出，是深化对治国理政规律认识的结果，标志着中国特色社会主义理论的重大创新和发展。

从历史的高度看，怎样治理社会主义社会这样的全新社会，在以往的世界社会主义实践中没有解决得很好。在领导中国革命的进程中，中国共产党就不断思考未来建立什么样的国家治理体系问题。中华人民共和国成立后，中国共产党继续探索这个问题，取得了重要成果。改革开放以来，更加重视制度建设，基本形成了一整套国家治理体系，治理能力也有明显提高。从总体上看，我国国家治理体系和治理能力是好的，是有独特优势的，是适应国情和发展要求的。党的十八大以来，以习近平同志为核心的党中央统筹推进经济、政治、文化、社会、生态文明等各领域体制机制改革，涉及范围之广、出台方案之多、触及利益之深、推进力度之大前所未有，中国特色社会主义制度更加完善，国家治理体系和治理能力现代化水平明显提高。

但必须看到，相比我国经济社会发展和人民群众的要求，相比当今世界日趋激烈的国际竞争，相比实现国家长治久安，我们在国家治理体系和治理能力方面还有许多亟待改进的地方，制度还没有达到更加成熟更加定型的要求，有些方面甚至成为制约发展和稳定的重要因素。因此，必须通过全面深化改革，不断完善国家治理体系，提高运用制度有效治理国家的能力。2014年2月，习近平总书记在省部级主要领导干部学习贯彻十八届三中全会精神全面深化改革专题研讨班上指出："今天，摆在我们面前的一项重大历史任务，就是推动中国特色社会主义制度更加成熟更加定型，为党和国家事业发展、为人民幸福安康、为社会和谐稳定、为国家长治久安提供一整套更完备、更稳定、更管用的制度体系。"[2] 从形成更加成熟更加定型的制度看，中国社会主义以往实践的主要

1　习近平 . 论坚持全面深化改革 . 北京：中央文献出版社，2018：87.
2　习近平 . 习近平谈治国理政 . 第一卷（2 版）. 北京：外文出版社，2018：104-105.

历史任务是建立社会主义基本制度，并在这个基础上进行改革，现在已经有了很好的基础。未来的主要历史任务是完善和发展中国特色社会主义制度。党的十九大明确提出到 2035 年基本实现国家治理体系和治理能力现代化，到本世纪中叶实现国家治理体系和治理能力现代化，明确了完成全面深化改革总目标的时间表。

推进国家治理体系和治理能力现代化，就是要适应时代变化，不断改革不适应实践发展要求的体制机制，在创新中使各方面体制机制更加科学、更加完善；就是要求不断提高党科学执政、民主执政、依法执政水平，提高国家机构履职能力，提高人民群众依法管理国家事务、经济社会文化事务、自身事务的能力；就是要求尽快提高各级干部、各方面管理者的思想政治素质、科学文化素质、工作本领，尽快提高党和国家机关、企事业单位、人民团体、社会组织等的工作能力。2014 年 10 月，习近平总书记在中共中央政治局第十八次集体学习时的讲话中指出："我们推进国家治理体系和治理能力现代化，当然要学习和借鉴人类文明的一切优秀成果，但不是照搬其他国家的政治理念和制度模式，而是要从我国的现实条件出发来创造性前进。"[1]

3. 拟定"路线图"

全面深化改革是关系党和国家事业发展全局的重大战略部署，不是某个领域某个方面的改革，需要加强顶层设计和整体谋划。党的十八大以来，以习近平同志为核心的党中央，下大力气研究制定改革蓝图，精心拟定改革路线图，牢牢抓住经济体制改革这个重点，推动全面深化改革不断向纵深推进。

全面深化改革的"路线图"指党的十八届三中全会明确提出的"六个紧紧围绕"：①紧紧围绕使市场在资源配置中起决定性作用深化经济体制改革。坚持和完善基本经济制度，加快完善现代市场体系、宏观调控体系、开放型经济体系，加快转变经济发展方式，加快建设创新型国家，推动经济更有效率、更加公平、更可持续发展。②紧紧围绕坚持党的领导、人民当家作主、依法治国有机统一深化政治体制改革。加快推进社会主义民主政治制度化、规范化、程序化，建设社会主义法治国家，发展更加广泛、更加充分、更加健全的人民民

---

1 习近平主持中共中央政治局第十八次集体学习 . 新华社，2014-10-13.

主。③紧紧围绕建设社会主义核心价值体系、社会主义文化强国深化文化体制改革。加快完善文化管理体制和文化生产经营机制，建立健全现代公共文化服务体系、现代文化市场体系，推动社会主义文化大发展大繁荣。④紧紧围绕更好保障和改善民生、促进社会公平正义深化社会体制改革。改革收入分配制度，促进共同富裕，推进社会领域制度创新，推进基本公共服务均等化，加快形成科学有效的社会治理体制，确保社会既充满活力又和谐有序。⑤紧紧围绕建设美丽中国深化生态文明体制改革。加快建立生态文明制度，健全国土空间开发、资源节约利用、生态环境保护的体制机制，推动形成人与自然和谐发展现代化建设新格局。⑥紧紧围绕提高科学执政、民主执政、依法执政水平，深化党的建设制度改革。加强民主集中制建设，完善党的领导体制和执政方式，保持党的先进性和纯洁性，为改革开放和社会主义现代化建设提供坚强政治保证。"六个紧紧围绕"实际上既是全面深化改革的路线图，也是全面深化改革的总体思路。这份改革路线图，一方面明确了全面深化改革的主要内容，突出体现改革的全面性；另一方面明确了经济、政治、文化、社会、生态文明、党的建设各领域改革的重点，使全面深化改革的顶层设计、优先顺序、重点领域、关键环节一目了然，有利于整体推进和重点突破相结合、相促进。

坚持以经济体制改革为重点。我国仍处于并将长期处于社会主义初级阶段的基本国情，决定了经济建设是党的中心工作。坚持以经济建设为中心不动摇，就必须坚持以经济体制改革为重点不动摇。推动经济体制改革，必须坚持社会主义市场经济改革方向，尤其要处理好政府和市场关系这个核心问题。1992 年，党的十四大提出了我国经济体制改革的目标是建立社会主义市场经济体制，提出要使市场在国家宏观调控下对资源配置起基础性作用。这一重大理论突破，对我国改革开放和经济社会发展发挥了极为重要的作用。党的十四大以来，对政府和市场关系一直在根据实践拓展和认识深化寻找新的科学定位。党的十五大提出"使市场在国家宏观调控下对资源配置起基础性作用"，党的十六大提出"在更大程度上发挥市场在资源配置中的基础性作用"，党的十七大提出"从制度上更好发挥市场在资源配置中的基础性作用"，党的十八大提出"更大程度更广范围发挥市场在资源配置中的基础性作用"。可以看出，我们对政府和市场关系的认识在不断深化。党的十八届三中全会明确提出"使市场在资源配置中起决定性作用和更好发挥政府作用"，党的十九大提出"使市场在资源配置中起决定性作用，更好发挥政府作用"，党的二十大提出"充分发挥市场在资源配置中的决定性作用，更好发挥政府作用"。这是我们党在理论和实践上的又一重大推进，有利于在全党全社会树立关于政府和市场关系的正确观念，有利于转变经济发展方式，有利于转变政府职能，有利于抑制消极腐败现象。当然，市场在资源配置中起决定性作用，并不是起全部作用。发展社会主义市场经济，既要发挥市场作用，也要发挥政府作用，但市场作用和政府作用的职能不同。党中央对更好发挥政府作用提出了明确要求，强调科学的宏观调控，有效的政府治理，是发挥社会主义市场经济体制优势的内在要求。

坚持以经济体制改革为牵引推动其他领域的改革。经济基础决定上层建筑。经济体制改革对其他方面改革具有重要影响和传导作用，重大经济体制改革的进度决定着其他方面很多体制改革的进度，具有牵一发而动全身的作用。习近平总书记指出，在全面深化改革中，我们要坚持以经济体制改革为主轴，努力在重要领域和关键环节改革上取得新突破，以此牵引和带动其他领域改革，使各方面改革协同推进、形成合力，而不是各自为政、分散用力。[1]党的十八大以来，我们以经济体制改革为牵引，带动了政治、文化、社会、生态文明体制改革，党和国家机构改革、行政管理体制改革、依法治国体制改革、司法体制改革、外事体制改革、社会治理体制改革、生态环境督察体制改革、国家安全体制改革、国防和军队改革、党的领导和党的建设制度改革、纪检监察制度改革等一系列重大改革扎实推进，改革呈现全面发力、多点突破、蹄疾步稳、纵深推进的良好局面。

4. 坚持科学方法

方法对头，事半功倍。中国的改革开放是一场全面而深刻的社会变革，也是一场复杂的系统工程，更是一个前无古人的全新事业，必须坚持正确方法。以习近平同志为核心的党中央着眼改革开放全局，深入把握改革开放规律和特点，系统谋划全面深化改革的科学路径和有效方法，形成改革开放以来最为丰富、全面、系统的改革方法论，为全面深化改革提供了科学指导和行动指南。

---

[1] 中共中央文献研究室.十八大以来重要文献选编（上）.北京：中央文献出版社，2014：551.

1988 年，内蒙古满洲里被国家设立为经济体制改革开放试验区。通过经济体制改革，满洲里如今已成为全国最大陆路口岸（图片摄于 2018 年 11 月 2 日）

　　处理好全面深化改革的重大关系。改革涉及深度利益调整和制度调整，重要领域的改革牵一发动全身，必须从纷繁复杂的事物表象中把准改革脉搏，把握全面深化改革的内在规律，特别是要把握全面深化改革的重大关系，处理好解放思想和实事求是的关系、整体推进和重点突破的关系、顶层设计和摸着石头过河的关系、胆子要大和步子要稳的关系、改革发展稳定的关系。[1] 其中，处理好改革发展稳定的关系，是推动党和国家事业发展的重要经验，也是推进经济社会进步的重要方法。作为中国社会主义现代化建设的重要支点，改革是经济社会发展的强大动力，发展是解决一切经济社会问题的关键，稳定是改革发展的前提。现在，中国既处于发展的重要战略机遇期，也处于社会矛盾凸显期，在社会稳定中推进改革发展尤为重要。要坚持把改革的力度、发展的速度和社会可承受的程度统一起来，把改善人民生活作为正确处理改革发展稳定关

1　中共中央文献研究室.习近平关于全面深化改革论述摘编.北京：中央文献出版社，2014：37.

系的结合点，在保持社会稳定中推进改革发展，通过改革发展促进社会稳定。[1]

更加注重改革的系统性、整体性、协同性。随着中国改革的不断推进，其面临的矛盾越来越大、问题越来越多，有的牵涉复杂的部门利益，有的在思想认识上难以统一，有的要触动一些人的"奶酪"，有的需要多方面配合、多措施并举。这就需要从系统、整体和协同角度推进改革。以往在推进改革实践中，有时过于注重局部、力图单兵突进，不仅大大降低了改革成效，而且导致有的部门改革甚至陷入改不动、改不下去的困境。习近平总书记指出，注重系统性、整体性、协同性是全面深化改革的内在要求，也是推进改革的重要方法。改革越深入，越要注意协同，既抓改革方案协同，也抓改革落实协同，更抓改革效果协同，促进各项改革举措在政策取向上相互配合、在实施过程中相互促进、在改革成效上相得益彰，朝着全面深化改革总目标聚焦发力。[2]

一分部署，九分落实。中央和地方要上下齐心、形成合力。承担牵头任务的中央有关部门，是抓落实的主责单位，要切实担负起改革落地的责任，特别是要注意打通改革推进的"最后一公里"。地方各级党委要着力抓好有关重要改革部署的具体落实。党政主要负责同志是抓改革的关键，党政一把手"理解改革要实，谋划改革要实，落实改革也要实，既当改革的促进派，又当改革的实干家"。[3]落实要真见成效，必须搞好督察。要调配充实专门督察力量，开展对重大改革方案落实情况的督察，做到改革推进到哪里、督察就跟进到哪里。当然，改革方案落地过程中要因地制宜、逐层细化、精准有效，改什么、怎么改都要根据实际来，不能一刀切。特别是直接面向基层群众的改革，要把抓改革落实同做群众工作结合起来，讲究方式方法，确保群众得实惠。要防止空喊改革口号，防止简单转发照搬中央文件，防止机械式督察检查考核，避免多头督察、重复检查。还要处理好政策顶层设计和分层对接、政策统一性和差异性

1　中共中央文献研究室．习近平关于全面深化改革论述摘编．北京：中央文献出版社，2014：36.

2　习近平．习近平谈治国理政．第二卷．北京：外文出版社，2017：109.

3　习近平主持召开中央全面深化改革领导小组第十四次会议并发表重要讲话．新华社，2015-07-01.

的关系，加强政策解读和指导把关。最后要强化责任担当，对推出的各项改革方案要进行实效评估，看看是否确实推进了，看看群众是否在改革中增强了获得感，及时发现和解决问题。

坚持以法治思维和法治方式推进改革，凡属重大改革都要于法有据。在整个改革过程中，都要高度重视运用法治思维和法治方式，发挥法治的引领和推动作用，加强对相关立法工作的协调，确保在法治轨道上推进改革。改革开放越深入越要强调法治。在改革实践中，研究改革方案和改革措施要同步考虑所涉及的立法问题，及时提出立法需求和建议。实践证明，行之有效的改革成果要及时上升为法律。实践条件还不成熟、需要先行先试的，要按照法定程序作出授权。对不适应改革要求的法律法规，要及时修改和废止。

纵观世界，改革开放并不一定必然成功，有的国家在改革开放中陷入动荡，有的执政党在改革开放中丢失政权。中国之所以取得改革开放的巨大成功，与我们以辩证唯物主义和历史唯物主义为指导采取了正确的策略方法有很大关系。

三、形成全面开放新格局

开放带来进步，封闭必然落后。中国发展实践充分表明，要发展壮大，必须主动顺应经济全球化潮流，坚持对外开放[1]。新时代，中国共产党认真研判国际国内新形势，准确把握全面开放内涵，实施管用有效的开放举措，不断提高开放水平，推动形成全面开放新格局。

1. 继续深化全面开放

推动全面开放新格局的国际国内形势。当今世界大变局加速深刻演变，全球动荡源和风险点增多，国际形势波谲云诡。我国正处在实现民族复兴的关键时期，改革开放进入克难攻坚的关键阶段。对外开放面临的国际国内形势正在发生深刻复杂变化，机遇前所未有，挑战前所未有，机遇大于挑战。

推动形成全面开放新格局，首先是准确把握全面开放的丰富内涵和重要地位。全面开放既包括开放范围扩大、领域拓宽、层次加深，也包括开放方式创

1　中共中央宣传部.习近平总书记系列重要讲话学习读本（2016年版）.北京：学习出版社、人民出版社，2016：135.

新、布局优化、质量提升，是习近平新时代中国特色社会主义思想和基本方略的重要内容，是做好我国对外开放工作的基本遵循。

全面开放体现在开放空间上，就是优化区域开放布局，加大西部开放力度，改变我国对外开放东快西慢、沿海强内陆弱的区域格局，逐步形成沿海内陆沿边分工协作、互动发展的全方位开放新格局；体现在开放举措上，就是推进"一带一路"建设，坚持自主开放与对等开放，加强走出去战略谋划，统筹多双边和区域开放合作，加快实施自由贸易区战略等；体现在开放内容上，就是大幅度放宽市场准入，进一步放开一般制造业，有序扩大服务业对外开放，扩大金融业双向开放，促进基础设施互联互通。推进全面开放，还要求协同推进战略互信、经贸合作、人文交流。

2020 年 3 月 9 日，在哈电集团哈尔滨汽轮机厂有限责任公司的生产车间，工人在进行"一带一路"印尼波雅项目相关订单的生产作业

新时代推动形成全面开放新格局，是积极顺应世界发展大势和推动自身发展的战略抉择。2017 年 1 月，国家主席习近平指出："世界经济的大海，你要还是不要，都在那儿，是回避不了的。想人为切断各国经济的资金流、技术流、产品流、产业流、人员流，让世界经济的大海退回到一个一个孤立的小湖

泊、小河流，是不可能的，也是不符合历史潮流的。"[1] 2018 年 11 月 5 日，国家主席习近平在首届中国国际进口博览会开幕式上指出："经济全球化是不可逆转的历史大势，为世界经济发展提供了强劲动力。说其是历史大势，就是其发展是不依人的意志为转移的"[2]。只有顺应历史潮流，积极应变，主动求变，才能与时代同行。40 多年来，中国坚持打开国门搞建设，从一个相对封闭的经济体转变成为与世界经济深度融合的、日趋开放的经济体。在这一过程中，中国经济取得了举世瞩目的成就，成为全球化最大的受益者之一。

在经济全球化的背景下，任何一个国家如果不开放，就只有"死路一条"，但从各国的实践看，并不是"一开就灵"。对外开放本身不是万灵药，必须要有合适的战略与得力的举措。党的十八大以来，党中央总揽战略全局，在总结以往对外开放经验的基础上，推进对外开放理论和实践创新，确立开放发展新理念，坚持主动开放，以开放促改革、促发展、促创新；坚持双向开放，把引

这是哈萨克斯坦石油化工综合体项目施工现场，"一带一路"建设帮助哈萨克斯坦实现工业愿景（图片摄于 2019 年 12 月 21 日）

1　习近平.共担时代责任，共促全球发展——在世界经济论坛 2017 年年会开幕式上的主旨演讲.人民日报，2017-01-18（3）.

2　习近平.习近平谈治国理政.第三卷.北京：外文出版社，2020：200.

进来和走出去更好结合起来，积极拓展发展空间；坚持公平开放，努力构建公平公正的内外资发展环境；加快构建开放型经济新体制，积极参与全球经济治理，更高水平的开放格局正在形成。党的十九大指出，要以"一带一路"建设为重点，坚持引进来和走出去并重，遵循共商共建共享原则，加强创新能力开放合作，形成陆海内外联动、东西双向互济的开放格局。这些部署，对深入推进对外开放工作、推动建设全面开放新格局具有重大意义。

2. 对外开放的大门越开越大

开放的大门永远不会关闭。新时代的中国规划了今后一个时期对外开放的路线图，推出了一系列新任务新举措，对外开放的大门越开越大。

扎实推进"一带一路"建设。"一带一路"建设是中国扩大对外开放的重大战略举措，也是今后一段时期对外开放的工作重点。在各方共同努力下，"一带一路"建设逐渐从理念转化为行动，从愿景转变为现实。为推动"一带一路"建设，中国举办了"一带一路"国际合作高峰论坛。这不仅为中国扩大开放搭建了新平台，也有利于促进世界经济增长、增添共同发展努力实现政策深化地区合作。党的十九大指出，遵循共商共建共享原则，积极促进"一带一路"国际合作，沟通、设施联通、贸易畅通、资金融通、民心相通，打造国际合作新平台，新动力。中国继续加强同沿线国家发展战略对接，增进战略互信，寻求合作的最大公约数，将"一带一路"建成和平之路、繁荣之路、开放之路、创新之路、文明之路。

推进贸易强国建设。中国要从贸易大国走向贸易强国，就必须巩固外贸传统优势，培育竞争新优势，拓展外贸发展空间，积极扩大进口；就必须拓展对外贸易，加快转变贸易发展方式，从以货物贸易为主向货物和服务贸易协调发展转变，从依靠模仿跟随向依靠创新创造转变，从大进大出向优质优价、优进优出转变；就必须培育贸易新业态新模式，支持跨境电子商务、市场采购贸易、外贸综合服务等健康发展，打造外贸新的增长点；就必须反对贸易保护主义，支持多边贸易体制，促进国际产能合作，在更高层面、更广空间内参与国际合作，形成面向全球的贸易、投融资、生产、服务网络，加快培育国际经济合作和竞争新优势，加强对海外并购的引导，规范海外经营行为，努力实现共同、可持续发展。为此，中国于2018年开始举办中国国际进口博览会。首届

2018 年 11 月 5 日，首届中国国际进口博览会在上海开幕，这是中国主动向世界开放市场的重大举措

中国国际进口博览会是迄今为止世界上第一个以进口为主题的国家级展会，是国际贸易发展史上的一大创举，是中国着眼于推动新一轮高水平对外开放作出的重大决策，是中国主动向世界开放市场的重大举措。2023 年 11 月 5 ～ 10 日，第六届中国国际进口博览会在上海举行。国家主席习近平致信，重申了中国推进高水平开放、推动构建开放型世界经济的坚定决心。来自 128 个国家的 3486 家企业参展。

营造国际一流营商环境。营商环境也是生产力。中国正在加强利用外资法治建设，统一内外资法律法规，完善公开、透明的涉外法律体系，全面深入实施准入前国民待遇加负面清单管理制度，营造公平竞争市场环境，持续放宽市场准入，尊重国际营商惯例，对在中国境内注册的各类企业一视同仁、平等对待，保护外资企业合法权益，加强知识产权保护，不以强制技术转让作为市场准入的前提条件。努力为各国企业家在中国投资兴业提供更好的环境和条件，在更大范围、更宽领域、更深层次上提高开放型经济水平。通过大规模减税降费、放管服改革的深入推进等，中国的营商环境不断优化。2019 年 3 月，《中华人民共和国外商投资法》通过，标志着中国营商环境再上新台阶。同年 10 月，世界银行发布的《全球营商环境报告 2020》显示，中国营商环境全球排名继 2018 年从此前 78 位跃至 46 位，2019 年再度升至第 31 位，连续两年入列全球优化营商环境改善幅度最大的十大经济体。[1]

优化区域开放布局，打造对外开放新高地。中国对外开放格局中，东部对外开放起步早、发展快，西部对外开放起步晚、发展慢。党的十八大以来，西部地区不断加快对外开放的步伐，在对外贸易、吸引外资方面都保持着较好的发展态势，且取得了不错的成绩。但由于较弱的发展基础、总体较低的基数，西部地区依旧是中国区域开放布局中的"短板"。数据显示，西部地区拥有全国 72% 的国土面积、27% 的人口、20% 的经济总量，而对外贸易仅占全国的

2021 年 6 月，成都天府国际机场正式启用，这是丝绸之路经济带上等级最高的机场之一，为中国西部对外开放插上"金翅膀"（图片摄于 2021 年 5 月 7 日）

---

1 韩洁，于佳欣. 跻身前 40！中国营商环境全球排名再度提升. 新华社，2019-10-24.

7%，利用外资和对外投资分别占 7.6％和 7.7％。党的十九大报告提出，优化区域开放布局，加大西部开放力度。显然，西部开放已被党中央放到十分重要的位置，西部地区要充分发挥自然资源丰富、劳动力充裕、国家政策在加大支持力度等优势，深化扩大开放，促进开放格局更加优化。设立自由贸易试验区是中国优化开放布局、打造对外开放新高地的重大举措。中国设立多个自由贸易试验区，涉及东南西北中各个区域。2018 年 11 月印发《国务院关于支持自由贸易试验区深化改革创新若干措施的通知》，赋予自由贸易试验区更大改革自主权，持续深化差别化探索，加大压力测试，发挥自由贸易试验区改革开放试验田作用。不仅要把海南全岛建成自由贸易试验区，还要分步骤、分阶段建立海南自由贸易港政策和制度体系，稳步推进中国特色自由贸易港建设进程，带动形成更高层次改革开放新格局。

为进一步扩大开放，中国还积极维护和发展开放型世界经济，共同创造有利于开放发展的环境，推动构建公正、合理、透明的国际经贸投资规则体系，促进生产要素有序流动、资源高效配置、市场深度融合。中国坚持共赢开放，而不奉行零和博弈。针对国际上对中国迅速崛起见仁见智甚至议论中国开放有划分势力范围的意图，习近平总书记在庆祝中国共产党成立 95 周年大会上鲜明指出："中国对外开放，不是要一家唱独角戏，而是要欢迎各方共同参与；不是要谋求势力范围，而是要支持各国共同发展；不是要营造自己的后花园，而是要建设各国共享的百花园。"[1] 这向全世界展示了中国对外开放的共赢多赢思路。

四、将改革开放进行到底

进入新时代，全面深化改革开放成为推动党和国家事业发展的强大动力。党的十八大以后，改革开放取得巨大进展，啃下了不少硬骨头，闯过了不少激流险滩。美国智库布鲁金斯学会研究员李成认为，面对国内的多重挑战，中国在经济转型、反腐败、军队改革、外交关系等领域都有巨大的突破和成效，令世界瞩目。党的十九届三中全会以及十九届四中全会又就党和国家机构改革、坚持和完善中国特色社会主义制度进行专题部署。2018 年 12 月 18 日，党中央

1　习近平.习近平谈治国理政.第二卷.北京：外文出版社，2017：42.

2018 年 12 月 18 日，庆祝改革开放 40 周年大会在北京举行

召开庆祝改革开放 40 周年大会，习近平总书记发表了重要讲话，总结了改革开放累积的宝贵经验，明确了前进道路上改革开放的任务，喊出了将改革开放进行到底的强音。

1. 深化党和国家机构改革

深化党和国家机构改革，是全面深化改革的一个重大动作，是推进国家治理体系和治理能力现代化的一次集中行动。2018 年 2 月召开的党的十九届三中全会审议通过了《中共中央关于深化党和国家机构改革的决定》和《深化党和国家机构改革方案》，对统筹推进党政军群机构改革作出了全面安排部署。

这次深化党和国家机构改革的指导思想是，全面贯彻党的十九大精神，坚持以马克思列宁主义、毛泽东思想、邓小平理论、"三个代表"重要思想、科学发展观、习近平新时代中国特色社会主义思想为指导，适应新时代中国特色社会主义发展要求，坚持稳中求进工作总基调，坚持正确改革方向，坚持以人民为中心，坚持全面依法治国，以加强党的全面领导为统领，以国家治理体系和治理能力现代化为导向，以推进党和国家机构职能优化协同高效为着力点，改革机构设置，优化职能配置，深化转职能、转方式、转作风，提高效率效能，为决胜全面建成小康社会、开启全面建设社会主义现代化国家新征程、实现中华民族伟大复兴的中国梦提供有力制度保障。

改革的目标是构建系统完备、科学规范、运行高效的党和国家机构职能体系，形成总揽全局、协调各方的党的领导体系，职责明确、依法行政的政府治理体系，中国特色、世界一流的武装力量体系，联系广泛、服务群众的群团工作体系，推动人大、政府、政协、监察机关、审判机关、检察机关、人民团体、企事业单位、社会组织等在党的统一领导下协调行动、增强合力，全面提高国家治理能力和治理水平。改革必须遵循坚持党的全面领导、坚持以人民为中心、坚持优化协同高效、坚持全面依法治国的四条原则。

为确保机构改革在党中央的直接领导下有序推进，成立了深化党和国家机构改革协调小组，负责指导协调督促中央一级新机构的组建工作、审批部门"三定"规定和省级机构改革方案、统筹协调和研究解决改革实施工作中的重大问题。在协调小组领导下，对应成立了九个专项协调小组，分别牵头统筹归口领域改革工作，协调处理有关问题，及时向协调小组报告进展情况和重大问题。具体改革任务则分配到相关部门，以部门为主体统筹进行，推进落实具体工作。中央层面建立起了一套条理清晰、逻辑严密的机构改革领导体制和工作机制，保证了改革思想一致、认识一致、步调一致。2018年3月24日，深化党和国家机构改革推进会在北京召开。会议明确要求，各专项小组、各部门要尽快制定机构改革组织实施工作方案，包括转隶、集中办公、挂牌、拟订"三定"、文件收发、印章启用、经费和资产处置、档案移交等各个环节的具体安排，以此为各自机构改革组织实施的具体施工图和时间表。

党和国家机构改革的路线图和时间表十分明晰。中央和国家机关机构改革在2018年年底前落实到位。省级党政机构改革方案在2018年9月底前报党中央审批，在2018年年底前机构调整基本到位。省以下党政机构改革，由省级党委统一领导，在2018年年底前报党中央备案。所有地方机构改革任务在2019年3月底前基本完成。这次改革，涉及的中央和国家机关部门、直属单位超过80个。调整幅度之大，触及利益之深，为数十年来之最。

2019年7月5日，深化党和国家机构改革总结会议在北京召开。会议指出，经过上下齐心协力，整体性推进中央和地方各级各类机构改革，重构性健全党的领导体系、政府治理体系、武装力量体系、群团工作体系，系统性

根据国务院机构改革和职能转变方案，国务院重新组建国家海洋局，推进海上统一执法（图片摄于 2013 年 3 月 10 日）

增强党的领导力、政府执行力、武装力量战斗力、群团组织活力，适应新时代要求的党和国家机构职能体系主体框架初步建立，为完善和发展中国特色社会主义制度、推进国家治理体系和治理能力现代化提供了有力组织保障。习近平总书记在讲话中指出，在深化党和国家机构改革中，我们探索和积累了宝贵经验，就是坚持党对机构改革的全面领导，坚持不立不破、先立后破，坚持推动机构职能优化协同高效，坚持中央和地方一盘棋，坚持改革和法治相统一相协调，坚持把思想政治工作贯穿改革全过程。[1]实践证明，党中央关于深化党和国家机构改革的战略决策是完全正确的，改革的组织实施是坚强有力的。深化党和国家机构改革是放在全面深化改革大盘子里谋划推进的，是中国打的一次全面深化改革的战略性战役。要用好机构改革创造的有利条件，推动全面深化改革向纵深发展，以深化党和国家机构改革新成效，推动开创全面深化改革新局面。

---

1 习近平.习近平谈治国理政.第三卷.北京：外文出版社，2020：106.

2. 总结改革开放的宝贵经验

在 2018 年 12 月 18 日召开的庆祝改革开放 40 周年大会上，习近平总书记发表重要讲话，回顾了改革开放的伟大历程，梳理了取得的辉煌成就，总结了改革开放的宝贵经验，对前进道路上需要继续深化改革开放进行了部署。习近平把改革开放的宝贵经验总结为"九个必须坚持"，即必须坚持党对一切工作的领导，不断加强和改善党的领导；必须坚持以人民为中心，不断实现人民对美好生活的向往；必须坚持马克思主义指导地位，不断推进实践基础上的理论创新；必须坚持走中国特色社会主义道路，不断坚持和发展中国特色社会主义；必须坚持完善和发展中国特色社会主义制度，不断发挥和增强我国制度优势；必须坚持以发展为第一要务，不断增强我国综合国力；必须坚持扩大开放，不断推动共建人类命运共同体；必须坚持全面从严治党，不断提高党的创造力、凝聚力、战斗力；必须坚持辩证唯物主义和历史唯物主义世界观和方法论，正确处理改革发展稳定关系。

上述九条宝贵经验涉及改革开放的领导力量、价值取向、思想指引、根本方向、制度保障、根本任务、对外战略、科学方法。这些都是关乎改革开放和社会主义现代化建设事业前途命运的基本方面。其中，领导力量讲了两条即党的领导和党的建设，反映了党的十八大以来中国共产党对执政党建设规律的认识更加全面深化。坚持以人民为中心是改革开放的价值取向，是改革开放的基本原则，必须长期坚持。理论创新、走自己的路、制度完善三条，既是改革开放取得的根本成就，也是根本经验，意味着进行改革开放必须始终立足中国实际，观照中国特色。这些宝贵经验是数十年累积的改革智慧结晶，也是新时代改革开放的基本遵循。总结经验、回顾过去，是为团结一致向前看、更好走向未来。这些宝贵经验为推进新时代改革开放指明了方向，明确了路径，提供了方法。

在庆祝改革开放 40 周年大会上，党中央在总结经验基础上，明确了将改革开放进行到底的坚定信心，作出了改革开放再出发的重要部署：一是坚持和加强党的领导；二是坚持以人民为中心；三是继续推动理论创新；四是坚持中国道路、完善中国制度；五是继续推进经济社会发展；六是为国家发展创造良好外部环境；七是全面从严治党不放松；八是坚持科学方法论。[1]

---

1 习近平. 论坚持全面深化改革. 北京：中央文献出版社，2018：514-522.

3. 聚焦制度深化改革开放

2019 年 10 月 28 ～ 31 日，党的十九届四中全会在北京召开。会议审议通过了《中共中央关于坚持和完善中国特色社会主义制度　推进国家治理体系和治理能力现代化若干重大问题的决定》（以下简称《决定》）。《决定》是坚持和完善中国特色社会主义制度、推进国家治理体系和治理能力现代化的政治宣言和行动纲领。

全会概括了中国国家制度和国家治理体系的显著优势，主要有：坚持党的集中统一领导，坚持党的科学理论，保持政治稳定，确保国家始终沿着社会主义方向前进；坚持人民当家作主，发展人民民主，密切联系群众，紧紧依靠人民推动国家发展；坚持全面依法治国，建设社会主义法治国家，切实保障社会公平正义和人民权利；坚持全国一盘棋，调动各方面积极性，集中力量办大事；坚持各民族一律平等，铸牢中华民族共同体意识，实现共同团结奋斗、共同繁荣发展；坚持公有制为主体、多种所有制经济共同发展和按劳分配为主体、多种分配方式并存，把社会主义制度和市场经济有机结合起来，不断解放和发展社会生产力；坚持共同的理想信念、价值理念、道德观念，弘扬中华优秀传统文化、革命文化、社会主义先进文化，促进全体人民在思想上精神上紧紧团结在一起；坚持以人民为中心的发展思想，不断保障和改善民生、增进人民福祉，走共同富裕道路；坚持改革创新、与时俱进，善于自我完善、自我发展，使社会充满生机活力；坚持德才兼备、选贤任能，聚天下英才而用之，培养造就更多更优秀人才；坚持党指挥枪，确保人民军队绝对忠诚于党和人民，有力保障国家主权、安全、发展利益；坚持"一国两制"，保持香港、澳门长期繁荣稳定，促进祖国和平统一；坚持独立自主和对外开放相统一，积极参与全球治理，为构建人类命运共同体不断作出贡献。这些显著优势是坚定中国特色社会主义道路自信、理论自信、制度自信、文化自信的基本依据。

《决定》不仅明确坚持和完善中国特色社会主义制度、推进国家治理体系和治理能力现代化的指导思想、重大意义，还提出了总体目标：到我们党成立一百年时，在各方面制度更加成熟更加定型上取得明显成效；到二○三五年，各方面制度更加完善，基本实现国家治理体系和治理能力现代化；到新中国成立一百年时，全面实现国家治理体系和治理能力现代化，使中国特色社会主义制度更加巩固、优越性充分展现。

《决定》聚焦坚持和完善支撑中国特色社会主义的根本制度、基本制度、重要制度，明确了各项制度必须坚持和巩固的根本点、完善和发展的方向。全会明确并决定坚持和完善这个制度体系的内容是：①坚持和完善党的领导制度体系，提高党科学执政、民主执政、依法执政水平；②坚持和完善人民当家作主制度体系，发展社会主义民主政治；③坚持和完善中国特色社会主义法治体系，提高党依法治国、依法执政能力；④坚持和完善中国特色社会主义行政体制，构建职责明确、依法行政的政府治理体系；⑤坚持和完善社会主义基本经济制度，推动经济高质量发展；⑥坚持和完善繁荣发展社会主义先进文化的制度，巩固全体人民团结奋斗的共同思想基础；⑦坚持和完善统筹城乡的民生保障制度，满足人民日益增长的美好生活需要；⑧坚持和完善共建共治共享的社会治理制度，保持社会稳定、维护国家安全；⑨坚持和完善生态文明制度体系，促进人与自然和谐共生；⑩坚持和完善党对人民军队的绝对领导制度，确保人民军队忠实履行新时代使命任务；⑪坚持和完善"一国两制"制度体系，推进祖国和平统一；⑫坚持和完善独立自主的和平外交政策，推动构建人类命运共同体；⑬坚持和完善党

2018 年 12 月 31 日，观众参观在国家博物馆举行的"伟大的变革——庆祝改革开放 40 周年大型展览"

和国家监督体系，强化对权力运行的制约和监督。其中党的领导制度是国家的根本领导制度，统领和贯穿其他方面制度。全会还就加强党对坚持和完善中国特色社会主义制度、推进国家治理体系和治理能力现代化的领导提出要求。

用一次中央全会专门研究国家制度和国家治理问题并作出决定，这在中国共产党的历史上还是第一次，在中华人民共和国历史上也是第一次。这次全会是一次具有开创性、里程碑意义的重要会议。

2021年11月召开的党的十九届六中全会对全面深化改革开放取得的历史性成就进行了权威概括，特别强调在全面深化改革开放上，党不断推动全面深化改革向广度和深度进军，中国特色社会主义制度更加成熟更加定型，国家治理体系和治理能力现代化水平不断提高，党和国家事业焕发出新的生机活力。

2022年10月召开的党的二十大，不仅梳理总结了改革和开放在新时代十年分别取得的历史性成就，强调走好中国式现代化道路要坚持改革开放的重大原则，而且就未来五年乃至更长时期的对外开放作出了专门部署。党的二十大报告指出，要推进高水平对外开放。依托我国超大规模市场优势，以国内大循环吸引全球资源要素，增强国内国际两个市场两种资源联动效应，提升贸易投资合作质量和水平。稳步扩大规则、规制、管理、标准等制度型开放。推动货物贸易优化升级，创新服务贸易发展机制，发展数字贸易，加快建设贸易强国。合理缩减外资准入负面清单，依法保护外商投资权益，营造市场化、法治化、国际化一流营商环境。推动共建"一带一路"高质量发展。优化区域开放布局，巩固东部沿海地区开放先导地位，提高中西部和东北地区开放水平。加快建设西部陆海新通道。加快建设海南自由贸易港，实施自由贸易试验区提升战略，扩大面向全球的高标准自由贸易区网络。有序推进人民币国际化。深度参与全球产业分工和合作，维护多元稳定的国际经济格局和经贸关系。

改革开放是一项艰巨而繁重的事业，不可能一蹴而就，也不可能一劳永逸。改革开放已走过千山万水，但仍需跋山涉水。中国现在所处的，是一个船到中流浪更急、人到半山路更陡的时候，是一个愈进愈难、愈进愈险而又不进则退、非进不可的时候。全党全国各族人民要更加紧密地团结在以习近平同志为核心的党中央周围，高举中国特色社会主义伟大旗帜，不忘初心，牢记使命，将改革开放进行到底。

第二章

稳步推进经济建设

党的十八大以来，以习近平同志为核心的党中央，登高望远，审时度势，牢牢把握经济发展新常态的大逻辑，立足新发展阶段，完整、准确、全面贯彻落实新发展理念，构建新发展格局。新时代以来，中国经济保持中高速增长，在世界主要国家中名列前茅，国内生产总值稳居世界第二，人均国内生产总值在 2022 年达到 85698 元，经济发展呈现强有力的韧劲，稳中有进、稳中向好的态势日益明显。

一、适应新常态，推进供给侧结构性改革

如何准确判断面临的发展态势对于做好经济工作十分重要。2013 年 12 月10 日，习近平总书记在中央经济工作会议上首次提出"新常态"。会议指出，面对世界经济持续低迷的复杂局面，面对我国经济增长速度换挡期、结构调整阵痛期、前期刺激政策消化期"三期叠加"的状况，经济形势可以说是变幻莫测、瞬息万变。我们强调要冷静观察、谨慎从事、谋定而后动。[1] 在综合分析世界经济长周期和我国发展阶段性特征及其相互作用的基础上，党中央作出我国经济发展进入新常态的重大战略判断。

此后，习近平总书记在多次讲话中提及新常态。2014 年 5 月，习近平总书记在河南考察时指出："我国发展仍处于重要战略机遇期，我们要增强信心，从当前我国经济发展的阶段性特征出发，适应新常态，保持战略上的平常心

1　中共中央文献研究室.习近平关于社会主义经济建设论述摘编.北京：中央文献出版社，2017：73.

态[1]。" 2014 年 11 月，在北京召开的亚太经合组织工商领导人峰会上，国家主席习近平在题为《谋求持久发展　共筑亚太梦想》的主旨演讲中，向包括 130 多家跨国公司领导人在内的世界工商领袖们阐述了什么是经济新常态、新常态的新机遇、怎么适应新常态等关键点。他指出，中国经济呈现出新常态，有几个主要特点：一是经济发展从高速增长转为中高速增长；二是经济结构不断优化升级，第三产业、消费需求逐步成为主体，城乡区域差距逐步缩小，居民收入占比上升，发展成果惠及更广大民众；三是从要素驱动、投资驱动转向创新驱动。新常态将给中国带来新的发展机遇。

中国经济发展新常态带来的趋势性变化主要体现在九个方面。第一，从消费需求看，过去我国消费具有明显的模仿型排浪式特征，现在模仿型排浪式消费阶段基本结束，个性化、多样化消费渐成主流，保证产品质量安

2019 年 10 月，在河南省洛宁县上戈镇一家企业内，工作人员在分拣苹果。近年来，洛宁县积极推进苹果产业供给侧结构性改革，把"金果扶贫"作为产业扶贫的重要抓手

1　习近平在河南考察时强调：深化改革发挥优势创新思路统筹兼顾　确保经济持续健康发展社会和谐稳定.人民日报，2014-05-11（1）.

全、通过创新供给激活需求的重要性显著上升，必须采取正确的消费政策，释放消费潜力，使消费继续在推动经济发展中发挥基础作用。第二，从投资需求看，经历了30多年高强度大规模开发建设后，传统产业相对饱和，但基础设施互联互通和一些新技术、新产品、新业态、新商业模式的投资机会大量涌现，对创新投融资方式提出了新要求，必须善于把握投资方向，消除投资障碍，使投资继续对经济发展发挥关键作用。第三，从出口和国际收支看，国际金融危机发生前国际市场空间扩张很快，出口成为拉动我国经济快速发展的重要动能，现在全球总需求不振，我国低成本比较优势也发生了转化，同时我国出口竞争优势依然存在，高水平引进来、大规模走出去正在同步发生，必须加紧培育新的比较优势，使出口继续对经济发展发挥支撑作用。第四，从生产能力和产业组织方式看，过去供给不足是长期困扰我们的一个主要矛盾，现在传统产业供给能力大幅超出需求，产业结构必须优化升级，企业兼并重组、生产相对集中不可避免，新兴产业、服务业、小微企业作用更加凸显，生产小型化、智能化、专业化将成为产业组织新特征。第五，从生产要素相对优势看，过去劳动力成本低是最大优势，引进技术和管理就能迅速变成生产力，现在人口老龄化日趋发展，农业富余劳动力减少，要素的规模驱动力减弱，经济增长将更多依靠人力资本质量和技术进步，必须让创新成为驱动发展新引擎。第六，从市场竞争特点看，过去主要是数量扩张和价格竞争，现在正逐步转向以质量型、差异化为主的竞争，统一全国市场、提高资源配置效率是经济发展的内生性要求，必须深化改革开放，加快形成统一透明、有序规范的市场环境。第七，从资源环境约束看，过去能源资源和生态环境空间相对较大，现在环境承载能力已经达到或接近上限，必须顺应人民群众对良好生态环境的期待，推动形成绿色低碳循环发展新方式。第八，从经济风险积累和化解看，伴随着经济增速下调，各类隐性风险逐步显性化，风险总体可控，但化解以高杠杆和泡沫化为主要特征的各类风险将持续一段时间，必须标本兼治、对症下药，建立健全化解各类风险的体制机制。第九，从资源配置模式和宏观调控方式看，全面刺激政策的边际效果明显递减，既要全面化解产能过剩，也要通过发挥市场机制作用探索未来产业发展方向，必须全面把握总供求关系新变化，科学进行宏观调控。习近平总书记指出，这些趋势性变化说明，我国经济正在向形态更

2016 年 7 月 11 日，工人在河北省沧州市中捷高新区一间汽车部件生产项目厂房内调试焊接机器人。在中国经济发展的历史关口，全国上下积极适应、把握、引领经济发展新常态，推动经济发展进入蹄疾步稳轨道

高级、分工更复杂、结构更合理的阶段演化，经济发展进入新常态，正从高速增长转向中高速增长，经济发展方式正从规模速度型粗放增长转向质量效率型集约增长，经济结构正从增量扩能为主转向调整存量、做优增量并存的深度调整，经济发展动力正从传统增长点转向新的增长点。"认识新常态，适应新常态，引领新常态，是当前和今后一个时期我国经济发展的大逻辑。"[1] 当然，新常态也不是一个筐，什么都是新常态。在新时代的中国，新常态就是指经济发展呈现出不同以往的态势。世界各国也认同中国提出的新常态，国际货币基金组织明确提出，随着中国经济发展进入新常态，全球经济发展都已进入新常态。

　　如何适应和引领新常态呢？改革是推动发展的制胜法宝。路总是有的，路就在脚下，关键是要通过变革打通道路，释放经济发展潜力。党的十八届三中全会指出，经济体制改革是全面深化改革的重点，核心问题是处理好政府和市

　　1　中共中央文献研究室.习近平关于社会主义经济建设论述摘编.北京：中央文献出版社，2017：79-80.

场的关系，使市场在资源配置中起决定性作用和更好发挥政府作用。这是中共历史上第一次明确提出让市场在资源配置中起决定性作用。作出这个大判断，有利于在全党全社会树立关于政府和市场关系的正确观念，有利于转变经济发展方式、转变政府职能、抑制消极腐败现象。当然，市场在资源配置中起决定性作用，并不是起全部作用。发展社会主义市场经济，既要发挥市场作用，也要发挥政府作用，但市场作用和政府作用的职能是不同的。更好发挥政府作用，就是强调科学的宏观调控，有效的政府治理；就是强调政府的职责和作用主要是保持宏观经济稳定，加强和优化公共服务，保障公平竞争，加强市场监管，维护市场秩序，推动可持续发展，促进共同富裕，弥补市场失灵。这种对政府和市场的准确定位，是经济领域改革的必然要求，也是改革目标。

推进供给侧结构性改革，是适应和引领经济发展新常态的重大创新，是适应国际金融危机发生后综合国力竞争新形势的主动选择。我国经济增速自 2010 年以来波动下行，持续多年，经济运行呈现出不同以往的态势和特点。"供给和需求不平衡、不协调的矛盾和问题日益凸显，突出表现为供给侧对需求侧变

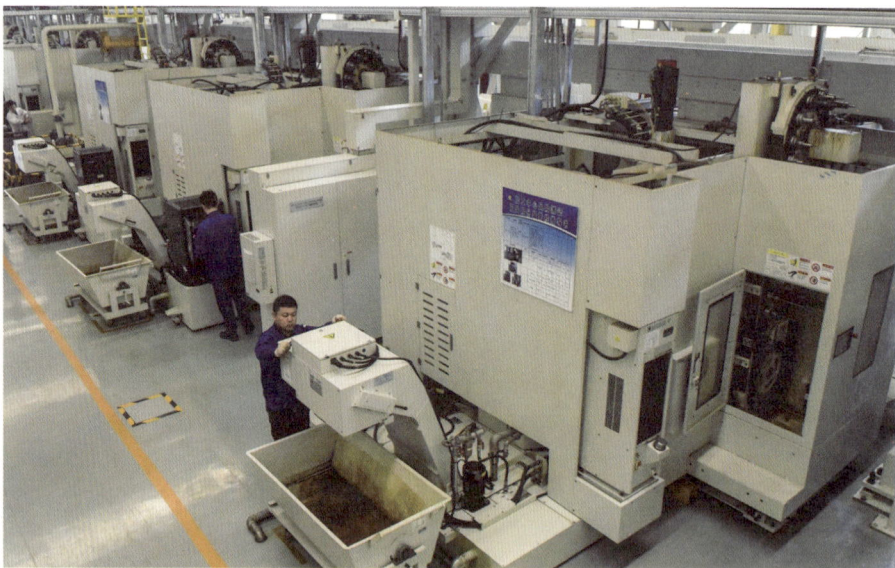

2018 年 10 月 25 日，在河北省深州市一家公司的智能制造车间，工人在保养生产设备。近年来，深州市以供给侧结构性改革为主线，实施企业创新战略，推动传统产业向终端化、智能化、精细化转型升级

化的适应性调整明显滞后。这就需要在适度扩大总需求的同时加快推进供给侧结构性改革"[1]。供给侧结构性改革，就是用改革的办法推进结构调整，减少无效和低端供给，扩大有效和中高端供给，增强供给结构对需求结构的适应性和灵活性，提高全要素生产率。就此，《人民日报》刊文指出："推进供给侧结构性改革，既有明确的理念，也有清晰的思路，还有具体的任务。各地区各部门要按照创新、协调、绿色、开放、共享'五大发展理念'的要求，适应经济发展新常态，实行宏观政策要稳、产业政策要准、微观政策要活、改革政策要实、社会政策要托底的总体思路，围绕去产能、去库存、去杠杆、降成本、补短板'五大重点任务'，坚定地干、大胆地干、扎实地干、精准地干、决不回头地干。"[2]

推进供给侧结构性改革，是一场硬仗。习近平总书记指出，要把握好"加法"和"减法"、当前和长远、力度和节奏、主要矛盾和次要矛盾、政府和市场的关系，以锐意进取、敢于担当的精神状态，脚踏实地、真抓实干的工作作风，打赢这场硬仗。其中，做减法，就是减少低端供给和无效供给，去产能、去库存、去杠杆，为经济发展留出新空间。做加法，就是扩大有效供给和中高端供给，补短板、惠民生，加快发展新技术、新产业、新产品，为经济增长培育新动力。经过艰苦努力，大力度去产能，"三去一降一补"取得积极进展；深入推进"互联网+"行动，新旧动能加快接续转换；深化"放管服"改革不断降低制度性交易成本。[3]

二、贯彻新发展理念

中国经济发展潜力巨大，拥有诸多优势和有利条件，发展势头可以长期保持。同时，我国经济积累的矛盾和风险很多，必须爬坡过坎。这种情况下，经济工作的理念、思路、着力点等都要进行调整。

2015年10月，党的十八届五中全会坚持以人民为中心的发展思想，明确提

1 王一鸣，陈昌盛，李承健.正确理解供给侧结构性改革.人民日报，2016-03-29（7）.

2 龚雯，许志峰，王珂.七问供给侧结构性改革——权威人士谈当前经济怎么看怎么干.人民日报，2016-01-04（2）.

3 全国干部培训教材编审指导委员会.建设现代化经济体系.北京：人民出版社、党建读物出版社，2019：32-33.

出创新、协调、绿色、开放、共享的新发展理念，强调要引导经济朝着更高质量、更有效率、更加公平、更可持续的方向发展，指明了我国经济发展的方向。

创新是引领发展的第一动力。坚持创新发展，就是把创新摆在国家发展全局的核心位置，不断推进理论创新、制度创新、科技创新、文化创新等各方面创新，让创新贯穿党和国家一切工作，让创新在全社会蔚然成风；就是把发展基点放在创新上，形成促进创新的体制架构，塑造更多依靠创新驱动、更多发挥先发优势的引领型发展；就是培育发展新动力，拓展发展新空间，构建发展新体制，创新和完善宏观调控方式。

协调是持续健康发展的内在要求。坚持协调发展，就是牢牢把握中国特色社会主义事业总体布局，正确处理发展中的重大关系，重点促进城乡区域协调发展，促进经济社会协调发展，促进新型工业化、信息化、城镇化、农业现代化同步发展，在增强国家硬实力的同时注重提升国家软实力，不断增强发展整体性。

2018年5月10日，"复兴号"动车组在总装生产线上装配。中车青岛四方机车车辆股份有限公司通过创新驱动，助力中国高铁实现由"跟跑"到"领跑"的弯道超车

绿色是永续健康发展的必要条件。坚持绿色发展，就是坚持节约资源和保护环境的基本国策，坚持可持续发展，坚定走生产发展、生活富裕、生态良好的文明发展道路，加快建设资源节约型、环境友好型社会，形成人与自然和谐发展现代化建设新格局，推进美丽中国建设，为全球生态安全作出新贡献。

开放是国家繁荣发展的必由之路。坚持开放发展，就是顺应我国经济深度融入世界经济的趋势，奉行互利共赢的开放战略，发展更高层次的开放型经济，积极参与全球经济治理和公共产品供给，提高我国在全球经济治理中的制度性话语权，构建广泛的利益共同体。

共享是中国特色社会主义的本质要求。坚持共享发展，必须坚持发展为了人民、发展依靠人民、发展成果由人民共享，作出更有效的制度安排，使全体人民在共建共享发展中有更多获得感，增强发展动力，增进人民团结，朝着共同富裕方向稳步前进。

2016 年 7 月 1 日，习近平总书记指出："要坚持以经济建设为中心，坚持以新发展理念引领经济发展新常态，加快转变经济发展方式、调整经济发展结构、提高发展质量和效益，着力推进供给侧结构性改革，推动经济更有效率、更有质量、更加公平、更可持续地发展，加快形成崇尚创新、注重协调、倡导绿色、厚植开放、推进共享的机制和环境，不断壮大我国经济实力和综合国力。"[1] 2021 年 1 月 11 日，习近平总书记在省部级主要领导干部学习贯彻党的十九届五中全会精神专题研讨班上，就把握新发展阶段、贯彻新发展理念、构建新发展格局，确保全面建设社会主义现代化国家开好局、起好步发表了重要讲话。这种对经济发展状态的精准判断和明确指示为经济领域改革指明了方向。近年来，党和国家大力实施创新驱动发展战略，创新型国家建设取得丰硕成果；推动区域城乡发展的协调性，京津冀协同发展、长江经济带发展、粤港澳大湾区建设等成效显著；实施乡村振兴战略，加快农业农村现代化建设，争取下好乡村振兴"这盘大棋"；大力推进生态文明建设，全社会贯彻绿色发展理念的自觉性和主动性显著增强；坚定不移奉行互利共赢的开放战略，实现更大力度、更高水平的对外开放；促进基本公共服务均等化，人民生活水平普遍提高。

---

[1] 习近平.在庆祝中国共产党成立 95 周年大会上的讲话（2016 年 7 月 1 日）.北京：人民出版社，2016：15-16.

2016年9月，《长江经济带发展规划纲要》发布，江苏省南通市积极融入长江经济带，推动经济不断发展

三、建设现代化经济体系

　　面对错综复杂的国内外经济环境，中国坚持稳中求进工作总基调，以推进供给侧结构性改革为主线，坚定改革开放，妥善应对风险挑战，经济在转型升级过程中运行稳中有进。新时代十年来，国内生产总值平均增长 6.0％ 以上，经济结构不断优化，转型升级扎实推进，新动能加快成长，质量效益明显提高。同时，我国经济发展也面临长期积累的结构性矛盾。

　　党的十九大报告指出，我国经济已由高速增长阶段转向高质量发展阶段，正处在转变发展方式、优化经济结构、转换增长动力的攻关期，建设现代化经济体系是跨越关口的迫切要求和我国发展的战略目标。建设现代化经济体系是中共中央从党和国家事业全局出发，着眼于实现"两个一百年"奋斗目标、顺应中国特色社会主义进入新时代新要求作出的重大决策部署。

这是河北省唐山市兴业工贸有限公司 450 立方米的高炉爆破现场。党的十八大以来，中国经济逐渐走上质量更高、效益更好、结构更优的发展新路子（图片摄于 2013 年 11 月 24 日）

现代化经济体系，是由社会经济活动各个环节、各个层面、各个领域的相互关系和内在联系构成的一个有机整体。建设现代化经济体系，意味着更高质量、更有效率、更加公平、更可持续的发展。建设现代化经济体系，必须坚持质量第一、效益优先，以供给侧结构性改革为主线，推动经济发展质量变革、效率变革、动力变革，提高全要素生产率，着力加快建设实体经济、科技创新、现代金融、人力资源协同发展的产业体系，着力构建市场机制有效、微观主体有活力、宏观调控有度的经济体制，不断增强我国经济创新力和竞争力。

2018 年 1 月 30 日，习近平总书记在中共中央政治局集体学习时提出了我国现代化经济体系"6+1"的战略构想，包括建设创新引领、协同发展的产业体系；建设统一开放、竞争有序的市场体系；建设体现效率、促进公平的收入分配体系；建设彰显优势、协调联动的城乡区域发展体系；建设资源节约、环境友好的绿色发展体系；建设多元平衡、安全高效的全面开放体系，充分发挥市场作用、更好发挥政府作用的经济体制。以上六个体系和一个体制，是统一整体，要一体建设、一体推进。具体来说就是建设现代化经济体系有"七个要"。

一要建设创新引领、协同发展的产业体系,实现实体经济、科技创新、现代金融、人力资源协同发展,使科技创新在实体经济发展中的贡献份额不断提高,现代金融服务实体经济的能力不断增强,人力资源支撑实体经济发展的作用不断优化。二要建设统一开放、竞争有序的市场体系,实现市场准入畅通、市场开放有序、市场竞争充分、市场秩序规范,加快形成企业自主经营公平竞争、消费者自由选择自主消费、商品和要素自由流动平等交换的现代市场体系。三要建设体现效率、促进公平的收入分配体系,实现收入分配合理、社会公平正义、全体人民共同富裕,推进基本公共服务均等化,逐步缩小收入分配差距。四要建设彰显优势、协调联动的城乡区域发展体系,实现区域良性互动、城乡融合发展、陆海统筹整体优化,培育和发挥区域比较优势,加强区域优势互补,塑造区域协调发展新格局。五要建设资源节约、环境友好的绿色发展体系,实现绿色循环低碳发展、人与自然和谐共生,牢固树立和践行绿水青山就是金山银山理念,形成人与自然和谐发展现代化建设新格局。六要建设多元平衡、安全高效的全面开放体

2018年8月1日,工作人员在贵州航天电器有限公司"柔性智能制造车间"内调试设备。新时代以来,贵阳市抢抓大数据发展机遇,推进大数据与实体经济深度融合,探索出一条转型发展的新路

系，发展更高层次开放型经济，推动开放朝着优化结构、拓展深度、提高效益方向转变。七要建设充分发挥市场作用、更好发挥政府作用的经济体制，实现市场机制有效、微观主体有活力、宏观调控有度。

2018 年 1 月 30 日，习近平总书记在中共中央政治局第三次集体学习时指出："建设现代化经济体系是一篇大文章，既是一个重大理论命题，更是一个重大实践课题，需要从理论和实践的结合上进行深入探讨。"建设现代化经济体系，他强调要突出抓好五方面工作：一是要大力发展实体经济，筑牢现代化经济体系的坚实基础。党的十九大后，习近平总书记首次调研来到江苏，在徐工集团时他强调，中国这么大，必须始终高度重视发展壮大实体经济，不能走单一发展、脱实向虚的路子。习近平总书记进一步指出，实体经济是一国经济的立身之本，是财富创造的根本源泉，是国家强盛的重要支柱。要深化供给侧结构性改革，加快发展先进制造业，推动互联网、大数据、人工智能同实体经济深度融合，推动资源要素向实体经济集聚、政策措施向实体经济倾斜、工作力量向实体经济加强，营造脚踏实地、勤劳创业、实业致富的发展环境和社会氛围。二是要加快实施创新驱动发展战略，强化现代化经济体系的战略支撑，加强国家创新体系建设，强化战略科技力量，推动科技创新和经济社会发展深度融合，塑造更多依靠创新驱动、更多发挥先发优势的引领型发展。习近平总书记一再指出："抓住了创新，就抓住了牵动经济社会发展全局的'牛鼻子'。""惟创新者进，惟创新者强，惟创新者胜。"三是要积极推动城乡区域协调发展，优化现代化经济体系的空间布局，实施好区域协调发展战略，推动京津冀协同发展和长江经济带发展，同时协调推进粤港澳大湾区发展。习近平总书记同时指出，乡村振兴是一盘大棋，要把这盘大棋走好。全面小康，是惠及全体人民的小康，是城乡区域共同的小康。他强调："下好'十三五'时期发展的全国一盘棋，协调发展是制胜要诀。"只有"做好补齐短板这篇大文章"，"着力提高发展的协调性和平衡性"，我们才能全面建成小康社会。四是要着力发展开放型经济，提高现代化经济体系的国际竞争力，更好利用全球资源和市场，继续积极推进"一带一路"框架下的国际交流合作。五是要深化经济体制改革，完善现代化经济体系的制度保障，加快完善社会主义市场经济体制，坚决破除各方面体制机制弊端，激发全社会创新创业活力。党的十九大报告指出，经济体制改革必须以完善产权制度和要素市场化配置为重点，实现产权有效激励、要素自由流动、价格反应灵活、竞争公平有序、企业优胜劣汰。报告还对国企改革、商事制度改革、投融资体制改革、税收制度改革、金融体制改革等进行了部署。五方面工作各有侧重，相辅相成，为现代化经济体系的建设，提供了有力的保证。

2018 年 10 月 24 日，港珠澳大桥正式通车运营

　　为建设现代化经济体系，推动中国高质量发展，中国积极推动国有企业改革和"三农"工作。国有企业是中国特色社会主义的重要物质基础和政治基础，是中国共产党执政兴国的重要支柱和依靠力量。改革开放以来，国企改革一直是经济改革领域的重要内容。党的十八大以来，国企改革成为全面深化改革的重要组成部分。2014 年 10 月 24 日，经习近平总书记批准，中央国企改革领导小组在国务院设立。自此，国企改革进入新阶段。2015 年 8 月 24 日，《中共中央、国务院关于深化国有企业改革的指导意见》颁布实施，明确指出改革的指导思想是"高举中国特色社会主义伟大旗帜，认真贯彻落实党的十八大和十八届三中、四中全会精神，深入学习贯彻习近平总书记系列重要讲话精神，坚持和完善基本经济制度，坚持社会主义市场经济改革方向，适应市场化、现代化、国际化新形势，以解放和发展社会生产力为标准，以提高国有资本效率、增强国有企业活力

为中心，完善产权清晰、权责明确、政企分开、管理科学的现代企业制度，完善国有资产监管体制，防止国有资产流失，全面推进依法治企，加强和改进党对国有企业的领导，做强做优做大国有企业，不断增强国有经济活力、控制力、影响力、抗风险能力，主动适应和引领经济发展新常态，为促进经济社会持续健康发展、实现中华民族伟大复兴中国梦作出积极贡献"。文件对处理好政企关系、合理安排薪酬制度、管好国有资本等国企改革关键问题进行了详细部署。这是中国推动国有企业改革新的顶层设计，为国有企业改革绘制了蓝图、拟定了时间表和路线图。2016 年 7 月 4 日，全国国有企业改革座谈会在北京召开。习近平总书记就此作出重要批示，强调国有企业是壮大国家综合实力、保障人民共同利益的重要力量，必须理直气壮做强做优做大，不断增强活力、影响力、抗风险能力，实现国有资产保值增值。要坚定不移深化国有企业改革，着力创新体制机制，加快建立现代企业制度，发挥国有企业各类人才的积极性、主动性、创造性，激发各类要素活力。要按照创新、协调、绿色、开放、共享的发展理念的要求，推进结构调整、创新发展、布局优化，使国有企业在供给侧结构性改革中发挥带动作用。要加强监管，坚决防止国有资产流失。要坚持党要管党、从严治党，加强和改进党对国有企业的领导，充分发挥党组织的政治核心作用。这一重要批示为国有企业改革进一步指明了方向。2016 年 10 月 10～11 日，全国国有企业党的建设工作会议在北京召开，对加强和完善党对国有企业的领导、加强和改进国有企业党的建设，使国有企业成为党和国家最可信赖的依靠力量作出部署。这都为国企改革保持正确方向提供了组织保障。

在经济领域推进改革、推动实现高质量发展的同时，党中央高度重视"三农"问题和城镇化问题。习近平总书记指出：中国要强农业必须强；中国要美农村必须美；中国要富农民必须富。进入新时代，党中央每年都发布涉农一号文件：2013 年中央一号文件的主题是"加快发展现代农业进一步增强农村发展活力"；2014 年中央一号文件的主题是"全面深化农村改革加快推进农业现代化"；2015 年中央一号文件的主题是"加大改革创新力度加快农业现代化建设"；2016 年中央一号文件的主题是"落实发展新理念加快农业现代化实现全面小康目标"；2017 年中央一号文件的主题是"深入推进农业供给侧结构性改革加快培育农业农村发展新动能"。党的十八大到十九大召开前，中央针对农村农业存在的问题精准发力，推动"三农"工作取得重大明显进展。党的十九大报告作出了实施乡村振兴战略的重大决策部署。2018 年 1 月 2 日，《中共中央　国务院关于实施乡村振兴战略的意见》印发，对实施乡村振兴战略进行了全面部署。时任中央农办主任韩俊指出，2018 年的中央一号文件是"谋划新时代乡村振兴的顶层设计"。2019 年中央一号文件主要就关于坚持农业农村优先发展做好"三农"工作提出若干意见。2020 年的中央一号文件就关于抓好"三农"领域重点工作确保如期实现全面小康提出了若干意见。2021 年中央一号文件对新发展阶段优先发展农业农村、全面推进乡村振兴做出总体布署。2022 年的中央一号文件提出了全面推进乡村振兴的重点工作。2023 年的中央一号文件指出，守好"三农"基本盘至关重要、不容有失。必须坚持不懈把解决好"三农"问题作为全党工作重中之重。党的十八大以来的中央一号文件，坚持问题导向和目标导向相结合，有力地指导了"三农"工作。

2017 年 12 月 21 日，宁夏回族自治区吴忠市同心县旱天岭村村民在"扶贫车间"参加服装加工技能培训。这座"扶贫车间"可使上百名村民致富

此外，党中央还着力推进以人为核心的新型城镇化，并取得宝贵经验，为建设现代化经济体系提供了良好基础。

四、统筹疫情防控和经济社会发展

2019 年岁末至 2020 年年初，新冠疫情在湖北武汉等地突然发生，中国乃至世界被迫面临一种未知病毒的汹涌侵袭。这是一次突如其来的危机，更是一场艰苦卓绝的战斗。这次新冠疫情，是中华人民共和国成立以来中国遭遇的传播速度最快、感染范围最广、防控难度最大的一次重大突发公共卫生事件，也是百年来全球发生的最严重的传染病大流行。对中国来说，这是一次危机，也是一次大考。

新冠疫情发生后，党中央高度重视，迅速作出部署，全面加强对疫情防控的集中统一领导。2020 年 1 月 7 日，习近平总书记主持召开中央政治局常委会会议，对做好疫情防控工作提出要求。1 月 20 日，习近平总书记专门就疫情防控工作作出指示，要求各级党委和政府及有关部门把人民群众生命安全和身体健康放在第一位，采取切实有效措施，坚决遏制疫情蔓延势头。1 月 25 日，大年初一，习近平总书记主持召开中央政治局常委会会议，对疫情防控工作进行

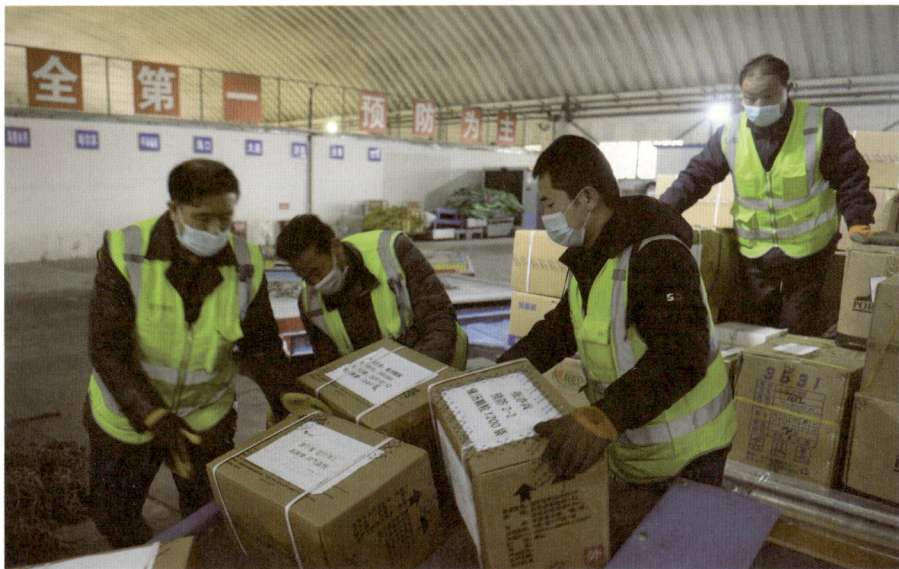

2020 年 2 月 19 日，在兰州中川国际机场，机场货运工作人员转运防疫物资驰援武汉

再研究、再部署、再动员，决定成立中央应对疫情工作领导小组，派出中央指导组，要求国务院联防联控机制充分发挥协调作用。之后，习近平总书记又先后主持召开三次中央政治局常委会会议、一次中央政治局会议，专题研究疫情防控工作和复工复产工作。2月10日，习近平总书记到北京市调研指导疫情防控工作，视频连线湖北和武汉抗疫前线，听取前方中央指导组、湖北指挥部工作汇报。习近平总书记还主持召开中央全面依法治国委员会、中央网络安全和信息化委员会、中央全面深化改革委员会、中央外事工作委员会等会议，从不同角度对做好疫情防控工作提出要求。党中央印发《关于加强党的领导、为打赢疫情防控阻击战提供坚强政治保证的通知》。习近平总书记时刻关注着疫情防控工作，每天都作出口头指示和批示。中央应对疫情工作领导小组及时研究部署工作，中央指导组积极开展工作，国务院联防联控机制加强统筹协调，各级党委和政府积极作为，同时间赛跑，与病魔较量，形成了抗击病魔的强大合力。

在党中央坚强领导和统一指挥下，以湖北武汉为主战场，一场声势浩大的疫情防控人民战争、总体战、阻击战在全国范围打响。2020年1月22日，党中央果断要求湖北省对人员外流实施全面严格管控。作出这一决策，需要巨大政治勇气，但该出手时必须出手，否则当断不断、反受其乱。面对疫情袭来，中国31个省区市一度相继启动重大突发公共卫生事件一级响应机制。春节假期延长、复工日期推迟、春运返程错峰，一系列"限行"举措减少了人群聚集与流动。小区封闭、设点检查，政府呼吁民众"宅"在家中，减少不必要的外出。全国有四万多白衣战士到湖北武汉及其他地市参与防疫。湖北武汉也紧急筹建火神山、雷神山医院，集中收治患者；建立十多家方舱医院收治患者，截至3月10日，方舱医院完成使命，开始休舱。

新冠疫情使得中国经济社会发展面临着严峻复杂的形势，经济下行压力明显加大。为此，党中央2月23日召开统筹推进新冠肺炎疫情防控和经济社会发展工作部署会议，会议以电视电话会议形式召开。习近平总书记在会议上指出，疫情不可避免会对经济社会造成较大冲击。越是在这个时候，越要用全面、辩证、长远的眼光看待我国发展，越要增强信心、坚定信心。综合起来看，我国经济长期向好的基本面没有改变，疫情的冲击是短期的、总体上是可

2020年2月6日，武汉雷神山医院正式通过武汉市城建和卫健部门的验收

控的。我们要变压力为动力、善于化危为机，有序恢复生产生活秩序，强化"六稳"举措，加大政策调节力度，把我国发展的巨大潜力和强大动能充分释放出来，努力实现今年经济社会发展目标任务。

习近平总书记在会上就有序复工复产提出八个方面的举措。第一，落实分区分级精准复工复产。疫情发生后，如何在较短时间内整合力量、全力抗击疫情，这是很大的挑战；在疫情形势趋缓后，如何统筹好疫情防控和复工复产，这也是很大的挑战。既不能对不同地区采取"一刀切"的做法，阻碍经济社会秩序恢复，又不能不当放松防控，导致前功尽弃。非疫情防控重点地区要分区分级制定差异化防控策略。低风险地区要尽快将防控策略调整到外防输入上来，全面恢复生产生活秩序。中风险地区要依据防控形势有序复工复产。高风险地区要继续集中精力抓好疫情防控工作。随着疫情防控形势持续向好，符合条件的省份要适时下调响应级别并实行动态调整。

第二，加大宏观政策调节力度。宏观政策重在逆周期调节，节奏和力度要能够对冲疫情影响，防止经济运行滑出合理区间，防止短期冲击演变成趋势性变化。积极的财政政策要更加积极有为，已经出台的财政贴息、大规模降费、缓缴税款等政策要尽快落实到企业。要继续研究出台阶段性、有针对性的减税降费政策，加大对一些行业复工复产的支持力度，帮助中小微企业渡过难关。要集中使用部分中央部门存量资金，统筹用于疫情防控、保障重点支出。一些地方财政受疫情影响较大，要加大转移支付力度，确保基层保工资、保运转、保基本民生。要扩大地方政府专项债券发行规模，优化预算内投资结构。稳健的货币政策要更加注重灵活适度，把支持实体经济恢复发展放到更加突出的位置，用好已有金融支持政策，适时出台新的政策措施。要针对企业复工复产面临的债务偿还、资金周转和扩大融资等迫切问题，创新完善金融支持方式，为防疫重点地区单列信贷规模，为受疫情影响较大的行业、民营和小微企业提供专项信贷额度。要调整完善企业还款付息安排，加大贷款展期、续贷力度，适当减免小微企业贷款利息，防止企业资金链断裂。

第三，全面强化稳就业举措。要实施好就业优先政策，根据就业形势变化调整政策力度，减负、稳岗、扩就业并举，抓好社保费阶段性减免、失业保险稳岗返还、就业补贴等政策落地，针对部分企业缺工严重、稳岗压力大和重点群体就业难等突出矛盾，因地因企因人分类帮扶，提高政策精准性。要鼓励低风险地区的农民工尽快返岗复工，采取"点对点、一站式"直达运输服务。要支持多渠道灵活就业，解决个体工商户尽快恢复营业问题。要加快推动线上登记失业和申领失业保险金，确保失业人员应发尽发、应保尽保。要注重高校毕业生就业工作，统筹做好毕业、招聘、考录等相关工作，让他们顺利毕业、尽早就业。

第四，坚决完成脱贫攻坚任务。2020年脱贫攻坚要全面收官，原本就有不少硬仗要打，现在还要努力克服疫情的影响，必须再加把劲，狠抓攻坚工作落实。劳务输出地和输入地要精准对接，帮助贫困劳动力有序返岗，支持扶贫龙头企业、扶贫车间尽快复工，吸纳当地就业。要组织好产销对接，抓紧解决好贫困地区农畜产品卖难问题。要加快建立健全防止返贫机制，对因疫情或其他原因返贫致贫的，要及时落实帮扶措施，确保基本生活不受影响。

第五，推动企业复工复产。要落实分区分级精准防控策略，打通人流、物流堵点，放开货运物流限制，确保员工回得来、原料供得上、产品出得去。产业链环环相扣，一个环节阻滞，上下游企业都无法运转。区域之间要加强上下

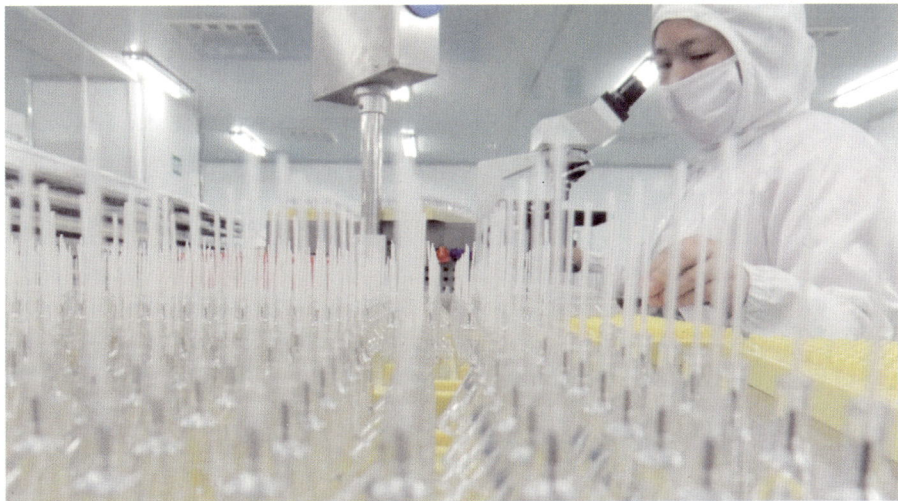

2020年3月16日，江苏省连云港市经济技术开发区一家医疗设备生产企业，工人正在生产医疗耗材用品。在有序复工复产的基础上，不少医药行业的生产企业加快赶制各类订单产品，满足市场需求

游产销对接，推动产业链各环节协同复工复产。要积极扩大国内有效需求，加快在建和新开工项目建设进度，加强用工、用地、资金等要素保障，用好中央预算内投资、专项债券资金和政策性金融，优化投向结构。疫情对产业发展既是挑战也是机遇。一些传统行业受冲击较大，而智能制造、无人配送、在线消费、医疗健康等新兴产业展现出强大成长潜力。要以此为契机，改造提升传统产业，培育壮大新兴产业。

第六，不失时机抓好春季农业生产。要抓紧解决影响春耕备耕的突出问题，组织好农资生产、流通、供应，适时开展春播。即使是疫情最重的湖北和疫情较重的省份，也要根据实际情况组织农民开展农业生产。农业生产场所大多在田间野外，一些不合理限制要取消，确保农业生产不误农时。要持续加强非洲猪瘟、高致病性禽流感等重大动物疫病防控，促进畜牧水产养殖业全面发展。

第七，切实保障基本民生。疫情直接影响居民收入，再叠加物价上涨因素，部分群众基本生活面临的困难可能增多。要落实"米袋子"省长责任制和"菜篮子"市长负责制，保障主副食品供应。要密切关注疫情对市场供求的影响，做好居民生活必需品保供调度，防止物价过快上涨。要保持疫情期间基本民生服务不断档，鼓励同群众生活密切相关的服务业有序恢复营业。要强化对困难群众的兜底保障，有条件的地方可以适当提高价格临时补贴标准。对患者特别是有亲人罹难的家庭要重点照顾，安排好基本生活。对因疫情在家隔离的孤寡老人、困难儿童、重病重残人员等群体，要加强走访探视和必要帮助，防止发生冲击社会道德底线的事件。要统筹做好其他疾病患者医疗救治工作，做到急重症患者救治有保障、慢性病患者用药有供应、一般患者就医有渠道。

这是湖北省当阳市坝陵办事处群华村的农田景象，当地农民积极开展农业生产（图片摄于2020年3月21日）

第八，稳住外贸外资基本盘。要保障外贸产业链、供应链畅通运转，稳定国际市场份额。要用足用好出口退税、出口信用保险等合规的外贸政策工具，扩大出口信贷投放，适度放宽承保和理赔条件。要简化通关手续，降低港口、检验检疫等环节收费，推出更多外汇便利化业务。要鼓励各地促增量、稳存量并举，抓好重大外资项目落地。要扩大金融等服务业对外开放。要继续优化营商环境，做好招商、安商、稳商工作，增强外商长期投资经营的信心。

这场电视电话会议共有17万人参加，可以说是中华人民共和国成立以来规模最大的一场电视电话会议。除了中央政治局常委、委员、书记处书记、国务委员出席会议外，中央应对疫情工作领导小组成员、中央赴湖北指导组有关同志、国务院应对疫情联防联控机制各成员单位主要负责同志参加会议。此外，各省区市和新疆生产建设兵团以及各市（地、州、盟）、县（市、区、旗），中央和国家机关各部门、各人民团体，解放军和武警部队团级以上单位都设了分会场。从中央到县团级，参会规模如此庞大说明会议的重要和事态的紧急，会议内容不用再以文件传达的方式层层转发，可大大减少中间层级的信息消减和曲解。

会议召开后，各地根据中央部署，结合实际情况开始有序复工复产。有的省份通过包机、包车把工人接到生产线上；有的省份决定3月中旬中学开始复学；有的省份设立健康码，允许务工人员流动起来。农村春耕生产也在有序展开。3月6日，习近平总书记在决胜脱贫攻坚座谈会上强调，2020年是脱贫攻坚战最后一年，各地区各部门要坚定不移把党中央决策部署落实好，确保如期完成脱贫攻坚目标任务。会议要求对52个未摘帽贫困县和1113个贫困村实施挂牌督战部署。可谓战"疫"战贫两不误。全国党员踊跃捐款，截至3月10日，捐款76.8亿元。全国各地支援湖北的物资已陆续到位。在统筹安排下，湖北和其他省份人民的日常生活也渐渐稳定下来，买菜难、买菜贵的现象慢慢缓解。中华大地上越来越展现出来与困难斗争的决心和勇气。

在抗击新冠疫情的关键时刻，2020年3月10日，习近平总书记到湖北武汉现场指导抗疫工作，不仅高度表扬了英雄的武汉人民、湖北人民，提出"大家一起加油，再坚持一下"，而且对各条战线的工作给予高度评价，把医疗战线的同志称为新时代最可爱的人。他强调，湖北和武汉是这次疫情防控斗争的重中之重和决胜之地。经过艰苦努力，湖北和武汉疫情防控形势发生积极向好变化，取得阶段性重要成果，但疫情防控任务依然艰巨繁重。越是在这个时候，越是要保持头脑清醒，越是要慎终如始，越是要再接再厉、善作善成，继续把疫情防控作为当前头等大事和最重要的工作，不麻痹、不厌战、不松劲，毫不放松抓紧抓实抓细各项防控工作，坚决打赢湖北保卫战、武汉保卫战。他指出，要把医疗救治工作摆在第一位；打赢疫情防控阻击战，重点在"防"；要加大对医疗力量薄弱市州的支持力度；民生稳，人心就稳，社会就稳。习近平总书记强调，这次疫情，短期内会给湖北经济社会发展带来阵痛，但不会影响经济稳中向好、长期向好的基本面。要在加强防控的前提下，采取差异化策略，适时启动分区分级、分类分时、有条件的复工复产。

这次新冠疫情防控，是对中国治理体系和治理能力的一次大考，是对中国经济社会发展实力的一次大考，也是对新时代的中国共产党执政水平的一次大考。中国共产党在内忧外患中诞生，在磨难挫折中成长，在攻坚克难中壮大，敢于斗争、敢于胜利，是中国共产党人的鲜明的政治品格，也是我们的政治优势。经过全国上下团结一心的努力，疫情防控取得重大胜利。

2020年第二季度经济社会出现增长向好态势。2020年9月8日，全国抗击新冠肺炎疫情表彰大会在北京举行，习近平总书记发表重要讲话，对全国抗击新冠肺炎疫情的先进个人、先进集体、全国优秀共产党员、全国先进基层党组织进行表彰。习近平总书记指出，"在这场同严重疫情的殊死较量中，中国人民和中华民族以敢于斗争、敢于胜利的大无畏气概，铸就了生命至上、举国同心、舍生忘死、尊重科学、命运与共的伟大抗疫精神"，强调"我们要在全社会大力弘扬伟大抗疫精神，使之转化为全面建设社会主义现代化国家、实现中华民族伟大复兴的强大力量"。这表明，在中国共产党的坚强领导下，一手抓经济社会发展，一手抓疫情防控，取得了两手抓、两手硬、两手赢的可喜态势。经过努力，2020年中国经济增长率为2.3%。中国是世界上主要经济体中唯一一个正增长的国家。

不过，也要从这次疫情防控中吸取教训。构建公共卫生体系、提升地方治理水平、增强基层治理能力、更加科学赋权地方、切实发挥舆论监督作用、重视一线同志的呼声、反对形式主义官僚主义、坚持实事求是等方面，都需要努力再提升。

新冠疫情发生后，习近平总书记到浙江考察时了解到产业链的变化，见微知著，及时提出要构建新发展格局的大思路。2020年4月10日，习近平在中央财经委员会第七次会议上发表重要讲话，又提构建新发展格局。确实，以国内大循环为主体、国内国际双循环相互促进的新发展格局，既能为中国经济发展开辟空间，也可以为世界经济复苏和增长增添动力。针对有人对理解新发展格局有片面之处，习近平总书记在2021年省部级主要领导干部学习贯彻党的十九届五中全会精神专题研讨班开班式上发表重要讲话，专门讲到要全面把握新发展格局的丰富内涵，专门强调中国是要双循环，不是单循环，引领全党干部真正落实到实际行动中。正是在习近平总书记的引领下，2022 年中国经济增速达 3.0%，国内生产总值超过 121 万亿人民币，实现了稳中有进。这一靓丽的成绩单，来之不易。

在取得这些成绩的过程中，我们积累了很多宝贵的经验，尤其是形成了以新发展理念为主要内容的习近平新时代中国特色社会主义经济思想。这一思想包括坚持加强党对经济工作的集中统一领导，保证我国经济沿着正确方向发展；坚持以人民为中心的发展思想，贯穿到统筹推进"五位一体"总体布局和协调推进"四个全面"战略布局之中；坚持适应把握引领经济发展新常态，立足大局，把握规律；坚持使市场在资源配置中起决定性作用，更好发挥政府作用，坚决扫除经济发展的体制机制障碍；坚持适应我国经济发展主要矛盾变化完善宏观调控，相机抉择，开准药方，把推进供给侧结构性改革作为经济工作的主线；坚持问题导向部署经济发展新战略，对我国经济社会发展变革产生深远影响；坚持正确工作策略和方法，稳中求进，保持战略定力、坚持底线思维，一步一个脚印向前迈进，等等。这一思想具有鲜明的人民性、时代性、创新性，必将起长期指导作用。

经党中央批准，在国家发展改革委成立习近平经济思想研究中心。2022 年 1 月 18 日，习近平经济思想研究中心正式挂牌。《习近平经济思想学习纲要》于 2022 年 6 月正式出版发行。这些重要载体的搭建，必将有利于这一思想发挥更好更多的指导作用。

第三章

积极推进民主政治建设

20世纪40年代，毛泽东同志对民主人士黄炎培说，民主是跳出人亡政息周期率的新路。中国共产党一直把人民民主视为社会主义的生命，并把依法治国作为治国理政的基本方略。进入新时代，以习近平同志为核心的党中央坚定不移走中国特色社会主义政治发展道路，坚持党的领导、人民当家作主、依法治国三者有机统一，积极稳妥推进政治体制改革，提出全过程人民民主，不断发展社会主义民主政治，建设社会主义政治文明，人民代表大会制度不断完善，社会主义协商民主进展明显，全面依法治国迈出关键步伐，民族区域自治、基层自治展现新气象，爱国统一战线、民族宗教工作、群团工作等都取得了新进步。

一、与时俱进完善人民代表大会制度

党的十八大以来，人民代表大会制度始终与改革同步，与发展相融。全国人大常委会通过依法履职，在立法、监督、代表等方面，不断创新人大工作体制机制，形成了很多制度性成果。

立法工作方面，着力推进重点领域立法，立法工作呈现出数量多、分量重、节奏快的特点。2013～2016年，全国人大常委会共制定17部法律，修改95部法律，取得了一批新的重要成果。2015年3月，十二届全国人大三次会议对《中华人民共和国立法法》作出重要修改，进一步明确立法权限，赋予设区的市地方立法权。与时俱进完善立法体制，为局部地区或者特定领域先行先试提供法律依据和支持。同时，出台《关于建立健全全国人大专门委员会、常委会工作机构组织起草重要法律草案制度的实施意见》等重要文件，不断健全法律草案征求代表意见、基层立法联系点等制度。党的十九大之后，立法工作迈开大步。尤其是 2020 年 5 月 28 日，十三届全国人大三次会议审议通过了《中华人民共和国民法典》，它被称为社会生活的百科全书。这一重大立法活动是中华人民共和国成立以来法治建设史上的一件大事，具有里程碑意义。2023 年 3 月 13 日，十四届全国人大一次会议通过《全国人民代表大会关于修改〈中华人民共和国立法法〉的决定》，这是 2000 年制定立法法以来的第二次改。修改后的立法法贯彻落实党的二十大精神和宪法规定，充分体现新时代党的重大理论创新成果。

在讨论决定重大事项方面，党中央关于健全人大讨论决定重大事项制度、各级政府重大决策出台前向本级人大报告的部署得到落实，人大讨论决定重大事项的范围和程序进一步完善，人大常委会定期听取和审议国务院、最高人民法院、最高人民检察院工作报告。

在监督工作方面，强化公共资源配置和保障改善民生的监督，改进预算初审工作，制定《关于建立预算审查前听取人大代表和社会各界意见建议的机制的意见》，实施全口径预算监督。进一步规范执法检查、专题询问等监督方式，逐渐探索形成六个环节的"全链条"监督工作流程，进一步增强了人大监督的系统性、针对性和有效性。

在代表工作方面，《第十二届全国人民代表大会第五次会议关于第十三届全国人大代表名额和选举问题的决定》中，在全国人大代表中增加了一线工人、农民、专业技术人员代表的比例和农民工代表人数，切实保证人民当家作主的主体地位。例如，张晓庆曾是北京"北漂"一族，2007 年南下长沙进入山河智能装备股份有限公司，从一名普通的统计员做起，后来又从事市场推广专员、营销经理等工作岗位。2013 年，张晓庆当选十二届全国人大代表，作为湖南省第一个 80 后农民工代表深感使命光荣、责任重大。当选人大代表后，她觉得自己要学习的太多，需要学法律，熟练掌握人大知识。她本身从一线出来，了解一线工人的所思所想，因而把目光投向底层弱势群体，从 2013 年当选代表到 2018 年，她共提交了 28 件建议，其中 80% 都是着眼于农民工最基础的社会保障和需求，如养老、医疗、保险、住房、子女教育等，20% 涉及医疗、财税、互联网、教育、金融、制造业企业、通用航空等方面。2020 年，张晓庆提交了《关于建立新产业新业态从业人员的职业伤害保险制度的建议》，这是因为新业态从业人员参加工伤保险在制度上不兼容、认定上有难处、理念上有差异、替代上有空白。增加来自一线的人大代表人数,切实体现了人民代表为人民的本色。

党的十八大以来,人大常委会组成人员联系本级人大代表机制不断健全,优化了人大常委会、专门委员会组成人员结构。例如,十三届全国人大专门委员会的设置有了较大幅度革新,数量从上一届的九个增至十个,新增设社会建设委员会。"法律委员会"更名为"宪法和法律委员会","内务司法委员会"更名为"监察和司法委员会",其相应职责也作出调整。作为全国人大的常设工作机构,专门委员会在全国人民代表大会和全国人大常委会领导下,研究、审议和拟订有关议案,对全国人大及其常委会有效地行使立法、监督、决定、任免等各项职权,更好地履行最高国家权力机关的职能,起到重要作用。专业化、经常化是专门委员会的最大特点。专门委员会的组成人员,一般是相关领域的专家、学者和实际工作者,对有关问题比较熟悉,便于分门别类地研究讨论。专委会不会因全国人民代表大会闭会而停止工作,可以协助全国人大及其常委会进行经常性工作,如社会学家李培林就是社会建设委员会副主任委员。

通过修改宪法,把党的十八大以来中国共产党治国理政过程中的实践成果和理论成果载入国家根本法,如从国家层面确立了习近平新时代中国特色社会主义思想的指导地位,为贯彻落实党的领导修改了国家主席任职期限。

二、推进协商民主广泛多层制度化发展

进入新时代,中共中央坚持和完善政党制度建设,不仅明确提倡社会主义协商民主,还把协商民主和人民民主并举,积极推进社会主义协商民主广泛多层制度化发展。

中国政党制度建设方面,明确民主党派是中国特色社会主义参政党,基本职能拓展为参政议政、民主监督、参加中国共产党领导的政治协商。围绕支持民主党派和无党派人士发挥作用,着力提升多党合作制度效能,做了许多开创性工作。2017年年初,中共中央制定出台了支持民主党派中央开展重点考察调研的意见,首次对重点考察调研的选题、内容、形式、程序、成果协商等进行

了规范，明确调研由中共中央统战部组织，各民主党派中央实施，中央和国家机关有关部门参与，地方党委和政府提供有力支持。这是历史上首次对民主党派重点考察调研工作出台规范性文件。2017年中共中央委托各民主党派的重点考察调研有两大主题，一是"'一带一路'发展"，二是"大力振兴和提升实体经济"。由八个民主党派围绕两大主题，确定各自具体调研方向。例如，民盟中央围绕推进制造强国战略和农业现代化发展，聚焦十大重点领域之一的农业机械装备，经过反复研究和充分准备，并征求有关部委和研究机构的意见后，针对近年来我国农机化产业"大而不强"的问题，决定开展"以改革创新为引领，加快推进我国农业机械装备制造转型升级"主题调研。2017年3～4月，民盟中央调研组到江苏、山东进行了调研。扎实调研为给中共中央提出意见打好坚实基础。

2017年4月15日，第九届中国（江苏）国际农业机械展览会在南京国际博览中心举行

中共中央高度重视发挥民主党派民主监督作用，《中国共产党统一战线工作条例（试行）》规定了十种民主监督形式，包括在政治协商中提出意见和建议；在党委主要负责人召开的专门会议上对党委领导班子及其成员提出意见和

建议；对党委党风廉政建设和反腐败工作提出意见和建议；向党委及其职能部门提出书面意见和建议；参加党委有关方针政策、重大决策部署执行和实施情况的检查，参加廉政建设情况检查、其他专项检查和执法监督工作；受党委委托就有关重大问题进行专项监督；民主党派成员、无党派人士中的人大代表在人大会议中提出意见和建议，参加人大及其常委会和各专门委员会组织的有关调查研究；在政协召开的各种会议、组织的视察调研中提出意见，或者以提案等形式提出批评和建议；对人民法院、人民检察院工作提出意见和建议；担任司法机关和政府部门的特约人员参加相关监督检查工作。2016 年 6 月，受中共中央委托，各民主党派中央对口八个省区开展了脱贫攻坚民主监督。2017 年，这项工作已经拓展到有脱贫攻坚任务的 22 个省区的省级民主党派组织。

人民政协是中国人民爱国统一战线的组织、中国共产党领导的多党合作和政治协商的重要机构、我国政治生活中发扬社会主义民主的重要形式。在这个平台上进行政治协商、民主监督和参政议政，生动体现了社会主义民主政治的特色和优势。党的十八大以来，人民政协动员各级政协组织、广大政协委员把为制定和实施"十三五"规划献计出力作为服务大局的主攻方向。2015 年集中三个月时间，连续开展 56 次视察调研和协商议政活动。2016 年围绕全面建成小康社会重点难点问题，开展了 92 项调研议政活动。人民政协的三项职能中，民主监督具有特殊重要意义。2017 年中共中央办公厅专门印发《关于加强和改进人民政协民主监督工作的意见》，这是党中央颁发的第一个关于加强和改进人民政协民主监督工作的专门文件。该文件明确了人民政协民主监督的重要意义、总体要求、主要内容、形式、工作程序、工作机制等，有力地推进了人民政协民主监督制度化规范化程序化。意见规定人民政协民主监督的主要内容有八个方面：一是国家宪法法律和法规实施情况；二是党和国家大政方针、重大改革举措、重要决策部署贯彻执行情况；三是国民经济和社会发展规划、年度计划落实情况，财政预算执行情况；四是涉及人民群众切身利益的实际问题解决落实情况；五是国家机关及其工作人员遵纪守法、加强作风建设、密切联系群众、开展反腐倡廉等情况；六是政协提案、建议案和其他重要意见建议办理情况；七是参加政协的单位和个人贯彻统一战线方针政策、遵守政协章程、执行政协决议情况；八是党委交办的其他监督事项。意见明确人民政协民主监督的主要形式是会议监督、视察监督、提案监督、专项监督以及其他形式监督，还明确要求健全人民政协民主监督工作机制，包括知情明政机制、协调落实机制、办理反馈机制、权益保障机制。这就不仅规范了民主监督，而且加强了民主监督作用。

社会主义协商民主是在中国共产党领导下，人民内部各方面围绕改革发展稳定的重大问题和涉及群众切身利益的实际问题，在决策之前和决策实施之中开展广泛协商，努力形成共识的重要民主形式。2015 年 1 月 5 日，中共中央印发《关于加强社会主义协商民主建设的意见》，从顶层设计的高度，系统谋划了协商民主的发展路径。主要包括政党协商、人大协商、政府协商、政协协商、人民团体协商、基层协商、社会组织协商七种协商形式。其中，政党协商在七种协商形式中居于首位。同年，中共中央还下发了《关于加强政党协商的实施意见》，明确了政党协商的主要内容，明确政党协商有会议协商、约谈协商、书面协商三种形式，进一步提升了政党协商的制度化规范化程序化水平。党的十八大以来，中共中央、国务院或委托中央统战部召开的政党协商会议（包括协商会、座谈会、情况通报会）超过百场，就经济社会发展中的重大问题充分听取意见建议。

人大协商主要是在重大决策之前根据需要进行充分协商，更好地汇聚民智、听取民意，支持和保证人民通过人民代表大会行使国家权力。中共中央《关于加强社会主义协商民主建设的意见》提出，要鼓励基层人大在履职过程中依法开展协商，探索协商形式，丰富协商内容，为人大制度和人大工作的发展完善赋予了新的内涵，提出了新的要求。政府协商主要是围绕有效推进科学民主依法决策，进一步增强决策透明度和公众参与度，解决好人民最关心最直接最现实的利益问题，推进政府职能转变，提高政府治理能力和水平。政协协商指在中国共产党领导下，参加人民政协的各党派团体、各族各界人士履行政治协商、民主监督、参政议政职能，围绕改革发展稳定重大问题和涉及群众切身利益的实际问题，在决策之前和决策实施之中广泛协商、凝聚共识的重要民主形式。党的十八大以来，人民团体协商、基层协商、社会组织协商在实践中也有了不同程度的探索发展，取得了阶段性成果。

近些年来，全国政协工作变化明显。值得记载的是，十二届全国政协创建了以专题为内容、以界别为纽带、以专委会为依托、以多向交流为方法的双周协商座谈会，每次选取一个切口不大的重要议题，邀请 20 位左右委员、专家以及有关党政部门负责同志参加，全国政协主席亲自主持。会议鼓励参会各方充分发表意见和建议，会后形成"信息专报"，供决策参考。经过探索创新，全国政协形成了以全体会议为龙头，以专题议政性常委会会议和专题协商会议为重点，以双周协商座谈会、对口协商会、提案办理协商会等为常态的协商议政格局。同时，全国政协增强了提案工作实效、修订全国政协重点提案遴选与督办办法，修订大会发言工作规则，建立全国政协领导同志到地方调研听取当地全国政协委员意见机制，完善主席会议成员联系政协专门委员和界别制度、向京外委员和港澳委员通报工作机制，健全省级政协主席担任全国政协京外委员活动召集人机制等。全国政协第十三届委员会在坚持党的领导、强化党的创新理论武装上下功夫。在全国政协第十三届第一次常委会会议前，专门召开党员常委会议，就重大问题先在党内统一思想，就坚持党对政协工作的领导提出要求。2018 年 5～9 月，全国政协系统集中开展了习近平总书记关于加强和改进人民政协工作的重要思想学习研讨活动。全国政协第十三届委员会创建委员移动履职平台、开展网络议政远程协商，为委员不受时空限制履职创造条件，还强调政协"没有名誉委员，只有责任委员"，委员履职的广度深度明显提升，有效改变了"年委员"现象。2022 年 6 月 13 日，中共中央发布《中国共产党政治协商工作条例》，为进一步做好政治协商工作提供了基本遵循。

三、推进全面依法治国

党的十八大以来，党中央更加重视社会主义法治建设，明确提出全面依法治国、加快建设社会主义法治国家的战略任务，并将全面依法治国纳入"四个全面"战略布局，法治国家、法治政府、法治社会建设取得了重大进展，全面依法治国迈出重大步伐。

坚持走中国特色社会主义法治道路。2013 年 2 月，习近平总书记在主持十八届中央政治局第四次集体学习时指出，全面建成小康社会对依法治国提出了更高要求。我们要全面贯彻落实党的十八大精神，以邓小平理论、"三个代表"重要思想、科学发展观为指导，全面推进科学立法、严格执法、公正司法、全民守法，坚持依法治国、依法执政、依法行政共同推进，坚持法治国家、法治政府、法治社会一体建设，不断开创依法治国新局面。同年10月，党的十八届三中全会明确提出"推进法治中国建设"。2014年10月，党的十八届四中全会以全面依法治国为主题，明确提出全面依法治国的指导思想、总目标、基本原则，回答了党的领导和依法治国的关系等一系列重大理论和实践问题，特别是鲜明提出坚持走中国特色社会主义法治道路、建设社会主义法治体系的重大论断，有力推进了社会主义法治国家建设。

中国特色社会主义法治道路的核心要义主要有三方面：坚持中国共产党的领导，坚持中国特色社会主义制度，贯彻中国特色社会主义法治理论。其中，中国共产党的领导是中国特色社会主义最本质的特征，是社会主义法治最根本的保证。坚持党的领导，是社会主义法治的根本要求。我国宪法确立了中国共产党的领导地位，这是历史的选择、人民的选择。坚持中国共产党的领导，是党和国家的根本所在、命脉所在，是全国人民的利益所系、幸福所系，是全面依法治国题中应有之义。依法治国是中国共产党提出来的，并在其带领人民的实践中提升为国家的战略布局。社会主义法治必须坚持党的领导，党的领导必须依靠社会主义法治。"坚持党的领导，不是一句空的口号，必须具体体现在党领导立法、保证执法、支持司法、带头守法上"。[1] 要把党的领导贯彻到依法治国全过程和各个方面，坚持党的领导、人民当家作主、依法治国有机统一。只有在党的领导下依法治国、厉行法治，人民当家作主才能充分实现，国家和社会生活法治化才能有序推进。中国特色社会主义制度是全面推进依法治国的根本制度保障。中国特色社会主义制度是当代中国发展进步的根本制度保障，是具有鲜明中国特色、明显制度优势、强大自我完善的能力的先进制度。全面依法治国，必须以保障人民当家作主为核心，坚持和完善人民代表大会制度，坚持和完善中国共产党领导的多党合作和政治协商制度、民族区域自治制度以及基层群众自治制度，推进社会主义民主政治法治化。中国特色社会主义法治理论是全面推进依法治国的行动指南。中国特色社会主义法治理论传承了中华

---

[1]　习近平.加快建设社会主义法治国家.求是，2015（01）.

传统法律文化的精华，借鉴了西方法治理论的优秀成果，系统总结了我国社会主义法治建设的实践经验，是马克思主义法治思想中国化时代化的最新成果。中国特色社会主义法治理论博大精深、内涵丰富，深刻回答了什么是社会主义法治，如何建设社会主义法治的问题。中国特色社会主义法治理论为全面依法治国、建设法治中国提供了科学的理论指导和坚实的学理支撑。

明确全面依法治国总目标。2014 年 10 月，党的十八届四中全会通过的《中共中央关于全面推进依法治国若干重大问题的决定》，明确提出全面依法治国的总目标是建设中国特色社会主义法治体系、建设社会主义法治国家。对全面依法治国总目标作了阐释：在中国共产党领导下，坚持中国特色社会主义制度，贯彻中国特色社会主义法治理论，形成完备的法律法规体系、高效的法治实施体系、严密的法治监督体系、有力的法治保障体系，形成完善的党内法规体系，坚持依法治国、依法执政、依法行政共同推进，坚持法治国家、法治政府、法治社会一体建设，实现科学立法、严格执法、公正司法、全民守法，促进国家治理体系和治理能力现代化。全面依法治国总目标的提出，既明确了全面依法治国的性质和方向，又突出了全面推进依法治国的工作重点和总抓手，对全面推进依法治国具有纲举目张的意义。正如习近平总书记指出的，依法治国各项工作都要围绕全面推进总目标来部署、来展开。这就要坚定不移走中国特色社会主义法治道路，把建设中国特色社会主义法治体系作为总抓手，准确把握全面推进依法治国工作布局，准确把握全面推进依法治国的重点任务。全面推进依法治国必须坚持中国共产党的领导、坚持人民主体地位、坚持法律面前人人平等、坚持依法治国和以德治国相结合、坚持从中国实际出发等基本原则。其中，坚持中国共产党的领导，解决的是全面推进依法治国的政治保证问题。坚持人民主体地位，解决的是全面推进依法治国的力量源泉的问题。坚持法律面前人人平等，解决的是全面推进依法治国的价值追求问题。坚持依法治国和以德治国相结合，解决的是全面推进依法治国的精神支撑问题。坚持从中国实际出发，解决的是全面推进依法治国的实践基础问题。全面推进依法治国总目标的基本原则，回答了社会普遍关心的涉及依法治国的许多重大理论和实践问题，是全面推进依法治国的重要遵循。

加快完善中国特色社会主义法律体系。法律是治国之重器，良法是善治之前提。党的十八大以来，中国共产党坚持立法先行，深入推进科学立法、民主立法、依法立法，不断完善以宪法为核心的中国特色社会主义法律体系。

第一，健全宪法实施和监督制度。例如，设立国家宪法日、建立宪法宣誓制度。2014年11月，十二届全国人大常委会第十一次会议通过《关于设立国家宪法日的决定》，将12月4日设立为国家宪法日。2015年7月，十二届全国人大常委会第十五次会议通过了《全国人民代表大会常务委员会关于实行宪法宣誓制度的决定》，要求各级人民代表大会及县级以上各级人民代表大会常务委员会选举或决定任命的国家工作人员，在就职时应当公开进行宪法宣誓。此外，为保证法律严格实施，全国人大常委会持续加强和改进执法检查工作。

第二，完善立法体制。首先是加强中国共产党对立法工作的领导。不断健全立法工作向党中央请示报告制度，重要法律的起草修改和立法工作中的其他重大事项，都由全国人大常委会党组及时向党中央请示报告。其次是充分发挥全国人大及其常委会在立法工作中的主导作用。以《中华人民共和国民法总则》的审议通过为例，2017年3月，在全国人大代表审议的过程中，有700多位代表发言，提出近2000条意见建议。同时，明确立法权力边界。2015年《中华人民共和国立法法》修改，规范了部门规章和地方政府规章权限，赋予所有设区的市地方立法权，明确设区的市可以对城乡建设与管理、环境保护、历史文化保护等方面的事项制定地方性法规，对地方立法体制作出重大调整。截至2017年10月，全国新赋予地方立法权的240个市、30个自治州、4个不设区的地级市中，已制定地方性法规456件，制定地方政府规章193件。

第三，加强重点领域立法。党的十八大以来，全国人大、国务院坚持立法先行，积极发挥立法的引领和推动作用，先后出台了一批法律法规。据统计，在2012～2017年共制定修改法律48部、行政法规42部、地方性法规2926部、规章3162部，同时还通过"一揽子"方式先后修订法律57部、行政法规130部。这些法律法规涵盖了国家安全、生态环境保护、社会民生等重点领域，推动中国特色社会主义法律体系日趋完善。2017年3月，十二届全国人大五次会议通过《中华人民共和国民法总则》，标志着我国民法典的编纂工作迈出坚实的第一步。2020年5月，十三届全国人大三次会议审议通过《中华人民共和国民法典》，标志着中国法治建设进入新阶段。

第四，科学立法、民主立法、依法立法水平进一步提高。加强人大对立法工作的组织协调，健全公布法律草案征求意见机制。以《中华人民共和国刑法修正案（九）》修订为例，曾先后两次向全社会征求意见。坚持立改废释并举。全国人大常委会采取统筹修法方式，截至 2017 年 3 月，审议通过了 13 个修法决定，涉及修改法律和有关法律问题的决定 74 件次。2013 年 12 月，《全国人民代表大会常务委员会关于废止有关劳动教养法律规定的决定》公布，依法废止了实施 50 多年的劳动教养制度。全国人大常委会法工委积极开展主动审查和被动审查研究工作。2013 ～ 2016 年，对新公布的 42 件行政法规、98 件司法解释进行审查研究，发现有违反宪法法律的，依法依规予以撤销和纠正。

加快进行法治政府建设。基本建成法治政府，是党的十八大提出的全面建成小康社会目标要求之一。2014 年 10 月，党的十八届四中全会提出法治政府建设的总体目标，即职能科学、权责法定、执法严明、公开公正、廉洁高效、守法诚信。2015 年中共中央、国务院印发《法治政府建设实施纲要（2015—2020 年）》，进一步明确了法治政府建设的时间表、路线图，推动法治政府建设稳步前进。为此，深入推进行政审批制度改革，加快转变政府职能。例如，2012 ～ 2017 年，国务院部门累计取消行政审批事项 618 项，彻底清除非行政许可审批，中央指定地方实施行政许可事项目录清单取消 269 项，国务院行政审批中介服务清单取消 320 项，国务院部门设置的职业资格许可和认定事项削减比例达 70% 以上。强化对行政权力的制约和监督。例如，加大行政问责力度，推进责任政府建设，普遍建立行政机关内部重大决策合法性审查机制，探索建立和实施重大决策终身责任追究制度及责任倒查机制。按照"谁决策、谁负责"的原则，对超越权限、违反程序决策造成重大损失的，严肃追究决策者责任。以生态文明建设为例，为健全生态文明制度体系，强化党政领导干部生态环境和资源保护职责，2015 年 8 月，中共中央办公厅、国务院办公厅印发《党政领导干部生态环境损害责任追究办法（试行）》，对 25 种党政领导干部生态环境损害情形实行党政同责、终身追责，提高各级领导干部保护自然生态环境和环境权利的责任意识。再如，全面推进政务公开方面，2016 年中共中央办公厅、国务院办公厅印发《关于全面推进政务公开工作的意见》和实施细则，要求坚持以公开为常态、不公开为例外，推进行政决策公开、执行公开、管理公开、服务公开和结果公开。各地区各部门以互联网政务信息数据服务平台和便民服务平台为依托，推动政务公开向标准化、规范化方向发展，提升了政务公开的实效性和便民度。各级政府积极完善政府新闻发言人、突发事件信息发布制度，及时回应社会公众的关切。

全面深化司法改革与高素质法治队伍建设。公正是法治的生命线。司法公正对社会公正具有重要引领作用，司法不公对社会公正具有致命破坏作用。习近平总书记提出，要提高司法的公信力。党的十八大以来，各级政法机关在党中央的坚强领导下，深入推进司法体制改革，不断提高司法公信力。包括全面落实司法责任制改革，实行司法人员分类管理制度，根据司法职业特点和履职要求，把法院检察院工作人员分为法官检察官、司法辅助人员、司法行政人员三类，实现各归其位、各司其职。全面推开法官、检察官员额制，把专业水平高、办案能力强、办案业绩突出的人员选入员额。据 2017 年 12 月 15 日发表的《中国人权法治化保障的新进展》白皮书介绍，全国法官人数从 19.88 万人精简到 2 万人，检察官人数从 15.8 万人精简到 8.6 万人。确立法官、检察官的主体地位，做到"让审理者裁判、由裁判者负责"。推进以审判为中心的刑事诉讼制度改革。完善确保依法独立公正行使审判权和检察权制度。2017 年 2 月 27 日，最高人民法院在北京发布的《中国法院的司法改革（2013—2016）》白皮书披露，党的十八大以来，人民法院通过审判监督程序纠正聂树斌案、呼格吉勒图案、张氏叔侄案等重大刑事冤假错案 34 起，提振了全社会对司法公正的信心。

保障人民群众诉讼权益。全面落实立案登记制度。2015 年 5 月 1 日起，最高人民法院改革法院案件受理制度，将立案审查制改为立案登记制，做到有案必立、有诉必理，充分保障当事人的诉权。修改完善法庭规则。自 2015 年 2 月起，人民法院开庭时，刑事被告人或上诉人不再穿着看守所的识别服出庭受理，正在服刑的罪犯不再穿着监狱的囚服出庭受审，彰显了现代司法文明。完善人民陪审员、人民监督员制度。2015 年 4～5 月，最高人民检察院和最高人民法院分别发布人民监督员和人民陪审员改革试点方案，改革选任办法，扩大监督、陪审案件范围，充分发挥人民监督员和人民陪审员作用。完善国家赔偿和司法救助制度。通过出台司法解释和发布国家赔偿指导性案例，完善赔偿案件质证程序，规范精神损害抚慰金裁量标准。同时，加强和规范国家救助工作，统一案件受理、救助范围、救助程序、救助标准、经费保障、资金方法，实现"救助制度法治化、救助案件司法化"。大力推进司法公开。人民法院建设审判流程公开、庭审活动公开、裁判文书公开、执行信息公开四大平台；检察机关建成案件信息公开系统，运行案件程序性信息查询、法律文书公开、重要案件信息发布和辩护与代理预约申请等四大平台。开放、动态、透明、便民的阳光司法机制正在逐步形成。

建设高素质法治队伍。按照政治过硬、业务过硬、责任过硬、纪律过硬、作风过硬的要求，建设信念坚定、执法为民、敢于担当、清正廉洁的政法队伍。建立公开选拔立法工作者、法官、检察官制度，以及法官检察官逐级遴选制度。培养造就一批坚持社会主义法治体系的法治人才及后备力量。坚持用马克思主义法学思想和中国特色社会主义法治理论指导法学教育和法学研究，加强法学教师队伍建设。2013 年以来，实施了高等学校与法律实务部门人员互聘"双千计划"，加强了法学研究与实践相结合。完善国家统一法律职业资格制度，加强法律服务队伍建设。加强律师队伍思想政治建设，把拥护中国共产党领导、拥护社会主义法治作为律师从业的基本要求，增强广大律师走中国特色社会主义法治道路的自觉性和坚定性。构建社会律师、公职律师、公司律师等优势互补、结构合理的律师队伍。加强公共法律服务和人民调解工作。

加快推进公共法律服务体系一体化建设，促进公共法律服务均等化。增加公共法律服务供给，消除无律师县，建立集律师、公证、司法鉴定、人民调解等功能于一体的公共法律服务大厅，推广"一村一社区一法律顾问"制度，完善"12348"免费法律咨询服务热线，使人民群众能便捷获得法律服务，有效维护人民群众自身权益。重点加强行业性、专业性人民调解工作，依法及时化解医疗、劳动等领域矛盾纠纷。

全民法治观念明显增强。将法治教育纳入国民教育体系。2016 年 3 月，中组部、中宣部、司法部、人社部联合发布《关于完善国家工作人员学法用法制度的意见》，把遵守法律、依法办事作为考察干部的重要依据。各地普遍建立了党委（党组）理论学习中心组学习法制度，把法治纳入干部录用和晋职培训列入各级党校及干部学院的必修课。2016 年 6 月，教育部、司法部、全国普法办联合印发《青少年法治教育大纲》，将法治教育覆盖教育各阶段，有效增强了青少年学生的法治观念和法律意识。实行国家机关"谁执法谁普法"普法责任制，明确国家机关是法治宣传教育的责任主体。在全社会开展宪法教育，弘扬宪法精神。实施"六五普法"规划和"七五普法"规划，推进全民普法和守法。强化国家工作人员的法治观念，抓住领导干部这个"关键少数"，明确要求各级领导干部带头依法办事，带头尊法守法。2016年11月，中共中央办公厅、国务院办公厅发布《党政主要负责人推进法治建设第一责任人职责规定》，规定县级以上地方党委和政府主要负责人是推进法治建设第一责任人，履职情况纳入政绩考核指标体系。

形成习近平法治思想。全面依法治国是习近平新时代中国特色社会主义思想的原创性贡献。在推进全面依法治国过程中，形成习近平法治思想。2020年11月召开的中央全面依法治国工作会议，最重要的成果就是顺应党心民心和时代要求，确立了习近平法治思想在全面依法治国中的指导地位。这一思想的核心要义和理论精髓，集中体现为"十一个坚持"。一是坚持党对全面依法治国的领导。党的领导是推进全面依法治国的根本保证。党的领导是我国社会主义法治之魂，社会主义法治必须坚持党的领导。二是坚持以人民为中心。全面依法治国最广泛、最深厚的基础是人民，推进全面依法治国根本目的是依法保障人民权益。要努力让人民群众在每一项法律制度、每一个执法决定、每一宗司法案件中都感受到公平正义。三是坚持中国特色社会主义法治道路。中国特色社会主义法治道路，本质上是中国特色社会主义道路在法治领域的具体体现。推进全面依法治国必须走对路，要从中国国情和实际出发，走适合自己的法治道路。四是坚持依宪治国、依宪执政。宪法是国家的根本法，具有最高的法律效力。依法治国首先是依宪治国，依法执政首先是依宪执政。要加强宪法实施和监督，推进合宪性审查工作，维护国家法治统一。五是坚持在法治轨道上推进国家治理体系和治理能力现代化。法治是国家治理体系和治理能力的重要依托。全面依法治国才能有效保障国家治理体系的系统性、规范性、协调性，才能最大限度凝聚社会共识。六是坚持建设中国特色社会主义法治体系。要加快形成完备的法律规范体系、高效的法治实施体系、严密的法治监督体系、有力的法治保障体系，形成完善的党内法规体系。要坚持依法治国和以德治国相结合，实现法治和德治相辅相成、相得益彰。七是坚持依法治国、依法执政、依法行政共同推进，法治国家、法治政府、法治社会一体建设。全面依法治国是一个系统工程，要整体谋划，更加注重系统性、整体性、协同性。八是坚持全面推进科学立法、严格执法、公正司法、全民守法。要继续推进法治领域改革，解决好立法、执法、司法、守法等领域的突出矛盾和问题。九是坚持统筹推进国内法治和涉外法治。要加快涉外法治工作战略布局，协调推进国内治理和国际治理。要积极参与国际规则制定，提出改革方案，推动全球治理变革，推动构建人类命运共同体。十是坚持建设德才兼备的高素质法治工作队伍。要推进法治专门队伍革命化、正规化、专业化、职业化，确保做到忠于党、忠于国家、忠于人民、忠于法律。法律服务队伍是全面依法治国的重要力量。十一是坚持抓住领导干部这个"关键少数"。领导干部具体行使党的执政权和国家立法权、行政权、监察权、司法权，党的领导能不能在全面依法治国实践中得到具体落实，领导干部是关键。这一思想是习近平总书记主要创立的，是指导中国法治实践的最新的系统化的思想，标志着中国法治达到了新水平。

法律的权威源自人民的内心拥护和真诚信仰。党的十八大以来，伴随着全面依法治国战略布局的落地生根，法治逐渐成为中国人民的信仰，中国特色社会主义法治建设已经迈上了新的征程。

四、发展爱国统一战线，推动民族宗教工作

在中国共产党人眼里，统一战线是团结力量和凝聚力量的重要法宝。在战争年代，统一战线威力巨大，国民党内一度流行就怕共产党搞统战的说法。当前看，统一战线指中国共产党领导的、以工农联盟为基础的，包括全体社会主义劳动者、社会主义事业建设者、拥护社会主义爱国者、拥护祖国统一和致力于中华民族伟大复兴爱国者的联盟。统一战线是中国共产党凝聚人心、汇聚力量的政治优势和战略方针，是夺取革命、建设、改革事业胜利的重要法宝，是增强党的阶级基础、扩大党的群众基础、巩固党的执政地位的重要法宝，是全面建成小康社会、加快推进社会主义现代化、实现中华民族伟大复兴中国梦的重要法宝。

党的十八大以来，爱国统一战线作为中国特色社会主义民主政治的重要方面，在推进民主政治建设中发挥了重要作用。以习近平同志为核心的党中央高度重视统一战线，先后召开了中央统战工作会议等一系列重要会议，下发了《中国共产党统一战线工作条例（试行）》等一批法规文件，成立了中央统一战线工作领导小组，加强党的领导，对统战工作进行了密集谋划和部署，推动党的统战事业蓬勃发展。2020年12月21日，中共中央印发了新修订的《中国共产党统一战线工作条例》。习近平总书记强调："人心向背、力量对比是决定党和人民事业成败的关键，是最大的政治。统战工作的本质要求是大团结大联合，解决的就是人心和力量问题"[1]。这从根本上讲清了统一战线在党和国家事业中的重要法宝作用，为新形势下更好地发挥统一战线独特优势、服务民主政治建设指明了方向重点。

党的十八大以来，党中央着眼于巩固统一战线大陆范围内和大陆范围外两个范围联盟，把凝聚共识、争取人心工作提高到战略高度，不断增强凝聚力、

2019年11月26日，在河北省固安县顺斋瓜菜种植专业合作社的加工配送间里，工作人员在搬运销往京津的蔬菜。近年来，固安紧抓京津冀协同发展机遇，全力打造环首都现代农业科技示范区

1　中共中央文献研究室.十八大以来重要文献选编（中）.北京：中央文献出版社，2016：556.

扩大团结面；高度重视发挥统一战线智力优势，支持党外人士就中央重大决策部署、重点难点问题、重要工作落实等深入调查研究，为改革发展稳定建言献策，全国工商联积极承担国务院关于政策措施落实情况的第三方评估工作；充分调动各方面的资源和力量，引导统一战线成员参与创新驱动发展、"一带一路"建设、京津冀协同发展、长江经济带建设等国家重大战略，鼓励留学人员积极投身"互联网+"等战略，为实现"两个一百年"奋斗目标和中华民族伟大复兴中国梦提供了广泛力量支持。

进入新时代，民族区域自治制度更加巩固，民族团结得到加强，民族工作有了新进展。2014年9月召开中央民族工作会议，就加强民族团结提出一系列重大举措。习近平总书记在会议讲话中指出，各民族的大一统，各民族多元一体，是老祖宗留给我们的一笔重要财富，也是我们国家的一个重要优势。我们党采取民族区域自治这个新办法，既保证了国家团结统一，又实现了各民族共同当家作主。实践证明，民族区域自治制度符合我国国情，在维护国家统一、领土完整，在加强民族平等团结、促进民族地区发展、增强中华民族凝聚力等方面都起到了重要作用。坚持和完善民族区域自治制度，既要做到坚持统一和自治相结合，又要做到坚持民族因素和区域因素相结合。说一千道一万，做好民族工作，最关键的是搞好民族团结，最管用的是争取人心。做民族团结重在交心，要将心比心、以心换心。要"像爱护自己的眼睛一样爱护民族团结，像珍视自己的生命一样珍视民族团结，像石榴籽那样紧紧抱在一起"[1]。要扎实开展民族团结进步创建活动，决不能端着架子喊口号。发展是解决各种民族问题的总钥匙。开展民族工作，发展民族地区，必须加强少数民族教育，更要发挥好少数民族干部作用。例如云南少数民族干部高德荣被称为"撑起来就是一把伞、俯下身就是一头牛"。2014年元旦前夕，曾任贡山县县长的高德荣和几位基层领导眼看通往贡山县城的隧道即将修通，喜不自禁给习近平总书记写了一封信，报告独龙江隧道即将贯通的好消息。"获悉高黎贡山独龙江公路隧道即将贯通，十分高兴，谨向独龙族的乡亲们表示祝贺。"习近平总书记的回信，让独龙江沸腾了。

宗教问题始终是我们党治国理政必须处理好的重大问题，宗教工作在党和

1　中共中央文献研究室 . 习近平关于社会主义政治建设论述摘编 . 北京：中央文献出版社，2017：173.

国家工作全局中具有特殊重要性。做好宗教工作，需要摸清我国宗教方面的基本情况。2013 年，国家宗教事务局基本完成宗教工作基础信息数据库系统建设，推进宗教活动场所、宗教教职人员、宗教团体、宗教院校等基础信息的采集、汇总、查询工作，提高宗教事务管理的科学化水平。我国宗教活动场所和宗教院校开始拥有组织机构代码这张"身份证"。至 2015 年年底，我国宗教场所和宗教院校开立单位银行结算账户和申领组织机构代码证工作基本结束，宗教场所和宗教院校的合法权益得到更好保护。习近平总书记高度重视宗教工作，指出必须精心做好宗教工作，积极引导宗教与社会主义社会相适应，发挥好宗教界人士和信教群众在促进经济社会发展中的积极作用。处理宗教问题的基本原则，就是保护合法、制止非法、遏制极端、抵御渗透、打击犯罪。习近平总书记在 2015 年召开的中央统战工作会议上的讲话中指出，要积极引导宗教与社会主义社会相适应，坚持中国化方向，提高宗教工作法治化水平，调动积极因素，必须重视发挥宗教界人士作用。在 2016 年召开的全国宗教工作会议上指出，我们党关于宗教问题的理论和方针政策是正确的。做好新形势下的宗教工作，要坚持用马克思主义立场、观点和方法认识对待宗教，构建积极健康的宗教关系。要在爱国主义、社会主义旗帜下，同宗教界结成统一战线。这次全国宗教工作会议，是时隔 15 年党中央再次召开的一次高规格宗教工作会议，是党的十八大以来全面系统阐述宗教政策、部署宗教工作的一次大会。"假活佛""假僧假道"和违法违规设置功德箱等现象一度为社会所诟病。近几年，国家宗教事务局逐步推进佛教、道教活动场所悬挂统一标识牌的工作，同时陆续公布了佛教、道教活动场所信息。2015 年 4 月，国家宗教事务局对违法违规功德箱开展专项整治工作，效果显著。2016 年 1 月 18 日，藏传佛教活佛查询系统上线，这意味着假活佛将无处遁形。种种举措，保护了宗教界和信教群众的合法权益，制止了非宗教活动场所开展宗教活动和假冒佛教、道教教职人员欺诈群众、借教敛财等乱象。2017 年 8 月 26 日，国务院公布新修订的《宗教事务条例》。这是"全面依法治国"在宗教领域的实施，标志着宗教工作法治化水平迈上了一个新台阶。

党的十九大以后，宗教工作继续向前推进。2020 年 12 月，中共中央发布新修订的《中国共产党统一战线工作条例》，明确规定：宗教工作，坚持和发展中国特色社会主义宗教理论，坚持我国宗教中国化方向，坚持以"导"的态度对待宗教，保护合法、制止非法、遏制极端、抵御渗透、打击犯罪，构建积极健康的宗教关系。2021年12月3～4日召开了全国宗教工作会议。习近平总书记出席会议并发表了重要讲话，强调要全面贯彻新时代党的宗教工作理论，全面贯彻党的宗教工作基本方针，全面贯彻党的宗教信仰自由政策，坚持我国宗教中国化方向，积极引导宗教与社会主义社会相适应，提高宗教界自我管理水平，提高宗教事务治理法治化水平，努力开创宗教工作新局面，更好组织和引导信教群众同广大人民群众一道为全面建成社会主义现代化强国、实现中华民族伟大复兴的中国梦而团结奋斗。新时代党的宗教工作理论的主要内容是：必须深刻认识做好宗教工作在党和国家工作全局中的重要性，必须建立健全强有力的领导机制，必须坚持和发展中国特色社会主义宗教理论，必须坚持党的宗教工作基本方针，必须坚持我国宗教中国化方向，必须坚持把广大信教群众团结在党和政府周围，必须构建积极健康的宗教关系，必须支持宗教团体加强自身建设，必须提高宗教工作法治化水平。这"九个必须"为新时代宗教工作指明了方向。

此外，党中央大力推进群团组织改革，群团脱离群众的问题得到缓解，党的群团工作政治性得到显著加强。在党的十八届三中全会明确提出全面深化改革之后，经过近几年的努力，国家治理体系和治理能力的现代化水平也在不断提高。应该说，民主法治如车之两轮、鸟之双翼，要成为世界级强国，实现民族复兴，必须搞好民主法治。新时代中国的民主建设制度化水平得到明显提高，法治建设的力度可谓前所未有。有理由相信，我们一定能走好中国特色社会主义民主政治建设之路。

第四章

繁荣兴盛文化建设

作为当代最伟大的历史学家之一，英国阿诺德·约瑟夫·汤因比认为人类的希望在东方，而中国文明将为未来世界转型和 21 世纪人类社会提供无尽的文化宝藏和思想资源。这一评价，彰显了中国文明的魅力和雄厚的文化软实力。党的十八大以来，党中央高度重视文化建设，着重培育和践行社会主义核心价值观，大力弘扬中华优秀传统文化，大力弘扬中国梦，深化文化体制改革，强调文化自信，讲好中国故事，推动文化事业得以繁荣发展。中华民族现代文明建设迈出重大步伐。

一、培育和弘扬社会主义核心价值观

一个国家的文化软实力，从根本上说，取决于其核心价值观的生命力、凝聚力、感召力。培育和弘扬核心价值观，有效整合社会意识，是社会系统得以正常运转、社会秩序得以有效维护的重要途径，也是国家治理体系和治理能力的重要方面。历史和现实都表明，构建具有强大感召力的核心价值观，关系社会和谐稳定，关系国家长治久安。

当代中国，我们的民族、我们的国家应该坚守的社会主义核心价值观，就是富强、民主、文明、和谐，自由、平等、公正、法治，爱国、敬业、诚信、友善。这 24 个字是中国共产党经过长期实践和理论探索概括出来的，坚持了马克思主义的立场、观点和方法，体现了古圣先贤的思想，体现了志士仁人的夙愿，体现了革命先烈的理想，也寄托着各族人民对美好生活的向往。只要是中国人，就应该自觉培育和践行社会主义核心价值观。

英国伦敦大学国王学院中国研究所克里·布朗教授认为，社会主义核心价值观最引人注目的地方在于对道德教育的重视。社会主义核心价值观足以涵盖

2017 年 5 月 9 日，福建省福州市晋安区浦下社区举办廉政文化进社区活动，弘扬社会主义核心价值观

几乎所有的美德，囊括了包括平等、公正、勤奋、敬业、和谐在内的各领域价值观。新加坡《联合早报》发文评论：中国共产党倡导社会主义核心价值观，大目标是要引领社会思潮，克服党内外普遍存在的信仰缺失、道德滑坡、价值观混乱等乱象。[1]

道不能坐论，关键在于践行。中国政府通过发挥榜样作用，从娃娃抓起、从学校抓起，运用各种文化形式，让广大群众共同践行社会主义核心价值观。习近平总书记十分重视社会主义核心价值观，多次强调培育和践行社会主义核心价值观问题。2014 年 2 月，中央政治局专门就培育和弘扬社会主义核心价值观进行集体学习，习近平总书记作了讲话，对全社会提了要求。五四青年节，习近平总书记到北京大学去，对大学师生讲了这个问题。5 月底，习近平总书记在上海考察工作时，对领导干部弘扬和践行社会主义核心价值观提了要求。六一儿童节前夕，习近平总书记在北京海淀区民族小学同师生们座谈时讲了这个问题。6 月上旬，又在两院院士大会上对院士们提了这方面要求。9 月教师节前一天，习近平总书记到北京师范大学同师生座谈，再次强调了这个问题。

1　董佳欣 . "文化强国"提升中国国际形象——国外高度评价中国文化建设成就 . 参考消息网，2017-10-16.

在文艺工作座谈会上，也对文艺界提出这方面要求。

为把践行社会主义核心价值观推向深入，2016 年 10 月 11 日，中央全面深化改革领导小组第二十八次会议审议通过了《关于进一步把社会主义核心价值观融入法治建设的指导意见》，决定把社会主义核心价值观融入法治建设。把社会主义核心价值观的要求体现到宪法法律、行政法规、部门规章和公共政策中，以法治体现道德理念、强化法律对道德建设的促进作用，有利于推动社会主义核心价值观更加深入人心。

党的十八大以来，以习近平同志为核心的党中央召开了两次全国宣传思想工作会议，强调意识形态工作是一项极端重要的工作，部署加强了思想文化宣传工作。2013 年 8 月 19 日，习近平总书记在全国宣传思想工作会议上发表重要讲话，指出宣传思想工作就是要巩固马克思主义在意识形态领域的指导地位，巩固全党全国人民团结奋斗的共同思想基础。习近平总书记在 2018 年 8 月的全国宣传思想工作会议中提出，自觉承担起举旗帜、聚民心、育新人、兴文化、展形象的使命任务，坚持正确政治方向，在基础性、战略性工作上下功夫，在关键处、要害处下功夫，在工作质量和水平上下功夫，推动宣传思想工作不断强起来，促进全体人民在理想信念、价值理念、道德观念上紧紧团结在一起，为服务党和国家事业全局作出更大贡献。[1] 此后，中国宣传思想文化工作取得显著突破。

一是高扬奋进新时代的思想旗帜。全国上下掀起学习《习近平谈治国理政》《习近平新时代中国特色社会主义思想三十讲》《习近平著作选读》第一卷、第二卷，《习近平新时代中国特色社会主义思想学习纲要（2023 年版）》的热潮。《百家讲坛》特别节目《平"语"近人——习近平总书记用典》，充分展示了习近平总书记的崇高风范和深厚情怀，以人们喜闻乐见的方式，推动习近平新时代中国特色社会主义思想生动阐释、广泛传播。马克思主义在意识形态领域的指导地位更加鲜明，全党全社会思想上的团结统一更加巩固。

二是为改革再出发凝聚磅礴力量。伟大的事业，需要伟大的精神。宣传思想文化战线紧紧围绕"将改革开放进行到底"的主题，开展一系列群众性主题宣传教育活动、推出一大批理论文章、采制生动的新闻报道、创作丰富的文

---

1 习近平.习近平谈治国理政.第三卷.北京：外文出版社，2020：310.

2018 年 11 月，国家博物馆举办"伟大的变革——庆祝改革开放 40 周年大型展览"

艺作品，为隆重庆祝改革开放 40 周年营造团结奋进的浓厚氛围，为改革开放再出发构筑良好精神文化条件。"伟大的变革——庆祝改革开放 40 周年大型展览"自 2018 年 11 月中旬在国家博物馆开展以来，截至 2019 年 3 月 20 日，现场参观人数累计突破 423 万人次，网上展馆点击浏览量超过 4.03 亿次。宣传思想文化战线用火热的创作见证伟大时代，一批讴歌党、讴歌祖国、讴歌人民、讴歌英雄的电影、电视剧、纪录片等陆续与观众见面。电视纪录片《我们一起走过——致敬改革开放 40 周年》、大型政论专题片《必由之路》、电视剧《大江大河》、电影《照相师》《中国合伙人 2》等，带领人们共忆峥嵘岁月，以契合新时代的精神状态，走好我们这一代人的长征路。同时，宣传思想文化战线着力培育社会主义核心价值观，着眼培养担当民族复兴大任的时代新人。

三是积极传播正能量。宣传思想文化工作是做人的工作，面对思想文化的相互激荡、价值观念的多元多样、传播格局的深刻变化，统一思想、凝聚力量的任务之艰巨前所未有。宣传思想文化工作要更好地强信心、聚民心、暖人心、筑同心，比任何时候都更加需要创新。面向广袤城乡，新时代文明实践中心、县级融媒体中心的建设扎实有序、蹄疾步稳，切实打通"最后一公里"，让基层工作实起来、强起来，让党的创新理论"飞入寻常百姓家"，让新风正气传播得更广更远。例如，浙江省海宁市许村镇李家村的"李家播报"，是这个小村子推进新时代文明实践工作的创新载体。"李家播报"每月定期在村文化礼堂举行，村民们不仅能听到时政要闻、政策理论、村情事务等丰富的内容，还可以在互动环节与播报团成员展开交流讨论。现场播报结束后，"李家播报"通过微信公众号、新时代文明实践掌上 App 平台等进行新媒体推送传播，唱响文明"好声音"。

四是抓好网络空间治理。面对十亿多人上互联网的局面，网络内容建设持续加强，积极健康、向上向善的网络文化，涵养了良好的网络舆论生态。从"学习小组""侠客岛""新华视点""央视新闻"等微博、微信公众号释放强大正能量，到查处存在恶意篡改党史国史、诋毁英雄人物、制造谣言等问题的自媒体账号，再到对网络直播出现的低俗媚俗、炫富恶搞等乱象重拳出击，更多客观理性的声音向错误观点言论"亮剑"，旗帜鲜明坚持正确政治方向、舆论导向、价值取向。简言之，通过强有力的工作，党和国家互联网治理能力不断提高，牢牢掌握了意识形态工作的领导权主动权。

二、深化文化体制改革

文化体制改革只有进行时，没有完成时。党的十八大提出全面建成小康社会和全面深化改革开放这"两个全面"的要求，给文化体制改革打开了新的天地、注入了新的动力、提出了新的要求。

2018 年 8 月，习近平总书记在全国宣传思想工作会议上强调，要坚定不移将文化体制改革引向深入，不断激发文化创新创造活力。要推动文化产业高质量发展，健全现代文化产业体系和市场体系，推动各类文化市场主体发展壮大，培育新型文化业态和文化消费模式，以高质量文化供给增强人们的文化获得感、幸福感。这进一步明确了我们加快文化改革发展的基本遵循。只有继续深化文化体制改革，不断增强改革的系统性、整体性、协同性，发挥市场在文化资源配置中的积极作用，激发文化工作者和全社会文化创造热情，推动文化事业文化产业繁荣发展，提供更多更好的优秀文化产品和文化服务，才能更好地满足全面建成小康社会伟大进程中人民群众日益增长的精神文化需求，才能更好地适应全面深化改革伟大事业中使各方面制度更加成熟更加定型的时代要求，才能更好地形成有利于创新创造的文化发展环境。

2018 年 8 月 22 日，内蒙古苏尼特右旗乌兰牧骑队员到牧区演出

　　在推动文化建设过程中，中国大地上出现了很多优秀的文化团队。诞生在内蒙古大草原上的乌兰牧骑就是杰出代表。乌兰牧骑，蒙语原意为"红色的嫩芽"，意为红色文化工作队，是活跃在草原农舍和蒙古包之间的文艺团队。改革开放以来，乌兰牧骑始终坚持不懈地全心全意为农牧民服务，被农牧民亲切地称为"玛奈（我们的）乌兰牧骑"，乌兰牧骑队员则被唤作"玛奈呼和德（我们的孩子）"。乌兰牧骑的队员多来自草原农牧民，队伍短小精悍，队员都是一专多能，报幕员也能唱歌，唱歌的还能拉马头琴伴奏，放下马头琴又能顶碗起舞。更值得一提的是，他们不仅能在台上演出精彩的节日，走下舞台还能做饭洗衣，为农牧民修理家用电器，传播科学文化知识。乌兰牧骑的节目多为自编自演，以反映农牧民生活为主，小型多样。2017 年 11 月 21 日，习近平总书记在给内蒙古自治区苏尼特右旗乌兰牧骑队员们的信中说，乌兰牧骑是全国文艺战线的一面旗帜，第一支乌兰牧骑就诞生在你们的家乡。60 年来，一代代

乌兰牧骑队员迎风雪、冒寒暑，长期在戈壁、草原上辗转跋涉，以天为幕布，以地为舞台，为广大农牧民送去了欢乐和文明，传递了党的声音和关怀。乌兰牧骑的长盛不衰表明，人民需要艺术，艺术也需要人民。实际上，内蒙古大地上有很多支乌兰牧骑队伍。1961 年成立的内蒙古杭锦旗乌兰牧骑，走过了以天为幕布地为舞台、以马车为交通工具、野营露宿的服务阶段，如今的杭锦旗乌兰牧骑队员们带着一辆舞台车、一辆交通车和一些简单的演出服及音响设备，上车休息、下车演出，走一路演一路，一如既往地开展着下乡服务群众工作。近年来，杭锦旗乌兰牧骑坚持每年为基层农牧民群众演出 120 余场次，年均行程达 2 万余千米、服务群众 10 万余人。2018 年 1 月 16 日，杭锦旗乌兰牧骑被中共中央宣传部、文化部和国家新闻出版广电总局授予第七届全国服务农民、服务基层文化建设先进集体称号。

三、坚定文化自信

坚定文化自信，是事关国运兴衰、事关文化安全、事关民族精神独立性的大问题[1]。文化自信是更基础、更广泛、更深厚的自信，是更基础、更深沉、更持久的力量。没有高度的文化自信，没有文化的繁荣兴盛，就没有中华民族伟大复兴。今天强调的"文化自信既是基于我们民族苦难和奋斗史的文化自觉与自豪，又是我们民族寻找自身伟大复兴之路的文化史的历史展示"[2]。

坚定文化自信，中国人底气十足。中华文化历经数千年而不废，世所公认。中华文明之所以能够薪火相传、生生不息，其根本原因在于中华传统文化源远流长、灿烂辉煌、博大精深、开放包容，具有强大生命力。中华文化的载体汉字，用一横一竖、一撇一捺，记录着中国漫长的文化历史，蕴含着中国人的乾坤大世界。以正、直两个字为例，行不离轨就是正，目不斜视就是直。汉字造字的意图告诉世人：看清道路，奔向目标。这是古人的思想，也完全符合我们今天的精神。汉字独有的魅力与演变历史深深吸引了世界各地热爱汉字的人们。据央视网报道，来自美国的"汉字叔叔"理查德用了半辈子在研究汉字，为了研究

1　习近平. 习近平谈治国理政. 第二卷. 北京：外文出版社，2017：349.

2　陈先达. 文化自信与中华民族伟大复兴. 北京：人民出版社，2017：213-214.

汉字花光积蓄，差点被驱逐出境。他用了20年的时间将甲骨文、金文、小篆等字形整理好并放到网上，只为能够有更多的人了解汉字、认识汉字、传播推广汉字。他说："我觉得我能改变这些年轻人的生活，哪怕只是一点点。"他虽然金发碧眼，虽然语言表达磕磕绊绊，但心中的执着、眼里的光亮、儒雅的举止，就是汉字传承的精神，就是传统文化意境中的谦谦君子走向世界的形象。

以汉字为载体的中华文化博大精深，为中华民族生生不息、发展壮大提供了强大精神支撑。尤其是中华优秀传统文化蕴含的思想观念，如革故鼎新、与时俱进，脚踏实地、实事求是，惠民利民、安民富民，道法自然、天人合一等，为人们认识和改造世界提供了有益启迪，为治国理政提供了有益借鉴。中华优秀传统文化蕴含的人文精神，如求同存异、和而不同的处事方法，文以载道、以文化人的教化思想，形神兼备、情景交融的美学追求，俭约自守、中和泰和的生活理念等，滋养了中华民族独特丰富的文学艺术、科学技术、人文学术，至今仍然具有深刻影响。中华优秀传统文化蕴含的道德规范，如天下兴亡、匹夫有责的担当意识，精忠报国、振兴中华的爱国情怀，崇德向善、见贤思齐的社会风尚，孝悌忠信、礼义廉耻的荣辱观念，体现着评判是非曲直的价值标准，潜移默化地影响着中国人的行为方式。

中国浩如烟海的历史文化典籍中包含着丰富的哲学智慧、生活智慧、政治智慧，丰富的历史经验、治国理政理念，以及作为独特标识的中国精神、中国智慧、中国理念、中国价值等。这些具有极鲜明中国特色的理念和智慧，一旦为各国人民所理解，都会受到衷心的赞誉并产生深远的影响。例如，"己所不欲，勿施于人"，珍视他人的生命尊严和生命价值，不但是处理人际关系的大智慧，更是处理国与国关系的道义准则，已为世界各国和国际组织高度认同。再如，中华文化倡导和合文化，主张培养人的诚实、守信、宽厚、庄重、谦逊、温和等品质，实现"和为贵"。中国文化自信首先是建立在对中华文化载体中内在蕴含的中国精神、中国智慧、中国理念、中国价值的整体性理解与把握之上，其次是还建立在中华优秀传统文化所具有的"海纳百川、有容乃大""开放、包容、兼收并蓄"的大格局大气象大胸怀上。

坚定文化自信，不仅源自中华文化孕育了发达的农业和手工业，产生了许多伟大的思想家、科学家、发明家、政治家、军事家、文化家、艺术家，有丰富的文化典籍；而且源自中国近代以来，在中华民族积贫积弱，无数仁人志士寻求救国救民、救亡图存的艰难奋斗中，特别是在中国共产党领导中国人民争取民族解放、国家独立、社会进步的伟大斗争中形成的革命文化、红色文化、优良传统；源自在选择了社会主义道路后，包括艰难曲折的探索、挫折、失误中形成的，特别是改革开放40多年来形成、丰富和发展了的中国特色社会主义先进文化。革命文化和社会主义先进文化都是中华文化中极为丰厚的新篇章、新传统。曾几何时，有的人认为"月亮还是国外的圆"，什么都是国外的好。说到底，文化自信，就是中国自信、中国人自信。

2017年9月，中国红色之路·长征赛在甘肃省华池县举行，这项融合了越野跑步、红色文化项目竞赛等内容的新颖体育赛事，吸引了国内外上千名选手参加

文化自信还来自中华人民共和国成立以来尤其是党的十八大以来我们文化建设取得的巨大成就。党的十九大报告指出，公共文化服务水平不断提高，文化创作持续繁荣，文化事业和文化产业蓬勃发展，互联网建设管理运用不断完善，全民健身和竞技体育全面发展。2012年以来，中央财政投入16亿元支持214个地市级公共图书馆、博物馆和文化馆新建和改扩建。文化部等联合印发《关于推进县级文化馆图书馆总分馆制建设的指导意见》，将县级文化馆、图书馆的优质资源输送到乡村。同时，公共文化服务效能显著提高。上海打造"文化上海云"，

让海量公共文化信息形成公共文化大数据；青岛、成都、焦作等地文化超市采取个性化、"订单式"服务，满足群众多元化需求；北京、天津、合肥、大连、青岛、泉州、惠州等地发行"文化惠民卡"，将优惠文化产品打包，给群众自主选择权。这对于不断满足人民群众日益增长的高质量文化需求起到积极作用。

中国文化事业繁荣发展的同时，文化产业也在蓬勃发展，文化产业很快会成为中国的国民经济支柱性产业。据国家统计局的数据：2016 年，全国文化及相关产业增加值从 2012 年的 18071 亿元增加到 30254 亿元，首次突破 3 万亿元，占国内生产总值的比重从 2012 年的 3.48% 提高到 4.07%。电视纪录片《将改革进行到底》、电影《战狼》系列等思想性、艺术性、观赏性统一的文艺作品获得口碑和收视、票房、发行丰收。2019 年春节，一部由青年导演导演的电影《流浪地球》，点燃了中国人的观影热情，国内票房高达 40 多亿元，海外票房突破 1 亿美元，一度创下北美市场史上最卖座的国产片纪录。《2022 年全国文化及相关产业发展情况报告》显示，2022 年我国文化产业实现营业收入 165502 亿元，比上年增长 1698 亿元，增长 1.0%。近年来，《长津湖》《满江红》《长津湖之水门桥》《流浪地球 2》《孤注一掷》等电影，也赢得了广大观众的喜爱。

新时代继续坚定文化自信，要继续推动中华文化繁荣发展，不断提高国家文化软实力，推动中华优秀传统文化创造性转化、创新性发展。2013 年 11 月 26 日，习近平总书记来到孔子故里——山东曲阜考察，在讲话时强调，一个国家、一个民族的强盛，总是以文化兴盛为支撑的，中华民族伟大复兴需要以中华文化发展繁荣为条件。对历史文化特别是先人传承下来的道德规范，要坚持古为今用、推陈出新，有鉴别地加以对待，有扬弃地予以继承。在他的高度重视下，中国实施中华优秀传统文化传承发展工程，印发《关于实施中华优秀传统文化传承发展工程的意见》，提出总体目标是到 2025 年，中华优秀传统文化传承发展体系基本形成，研究阐发、教育普及、保护传承、创新发展、传播交流等方面协同推进并取得重要成果，具有中国特色、中国风格、中国气派的文化产品更加丰富，文化自觉和文化自信显著增强，国家文化软实力的根基更为坚实，中华文化的国际影响力明显提升。出台《关于支持戏曲传承发展的若干政策》，支持戏曲传承发展，形成共促传承发展的良好局面。戏曲振兴工程列入"十三五"时期经济社会发展规划纲要。美国《世界日报》认为，习近平总书记积极致力于弘扬传统文化，不仅基于个人对中华文化的深深热爱，更是旨在树立"三个自信"的历史文化基础。2023 年 6 月，习近平总书记在文化传承座谈会上的重要讲话，更是把弘扬中华优秀传统文化、建设中华民族现代文明向前大大推进了。

此外，近年来中国还积极继承革命文化，发展社会主义先进文化，坚持不忘本来、吸收外来、面向未来，积极构筑中国精神、中国价值、中国力量。

四、讲好中国故事

随着中国日益走向世界舞台的中央，外界对中国的看法呈现多元态势。一方面，大多数人意识到中国崛起势不可挡，看到中国带来的机遇。尤其对许多发展中国家来说，中国的成功道路值得他们思考，中国提供的帮助和支持为他们克服发展难题提供了新机会。中国提出的全球治理主张和提供的公共产品在日益固化和保守的世界中，让国际社会感受到东方吹来的清新之风，为国际秩序朝更加公正合理的方向变革带来新的希望。但另一方面，中国的迅速发展也引起不少国家的不安，中国崩溃论、中国威胁论、中国责任论等论调此起彼伏，中国按计划进行的科考活动都被赋予政治含义。不乏有人担心中国搞"新殖民主义"，通过盘剥其他国家滋养自己的利益，甚至像历史上的列强那样走上争霸的道路。最明显的是，现存的世界强国和传统势力对中国的警惕和防范上升，试图构建围堵和阻碍中国崛起的思维和部署。在解决了"挨打""挨饿"的问题之后，如何解决"挨骂"的问题，确实摆在中国人面前。"我们有本事做好中国的事情，还没有本事讲好中国的故事？我们应该有这个信心！"习近平总书记的这句话言简意赅，表明讲好中国故事极为重要。

讲好中国故事是及时回应国际关切的迫切需要。舆情调查显示，党的十八大召开后，国际社会普遍想了解中国共产党为何能持续取得成功，以及新一届中央领导集体将给世界带来什么影响，中国要向何处去。西方国家非常关心中国的对外政策和在全球治理上的表现，发展中国家更多关心中国发展经济、治理腐败、政党建设的经验与做法。在此背景下，中国有关部门精心组织编辑出版《习近平谈治国理政》，并抓住中国领导人出访、双边或多边重要活动，以

2014 年 12 月 19 日，《习近平谈治国理政》英文版首发仪式在巴基斯坦首都伊斯兰堡举行

及参加重要书展等契机，针对不同对象国、不同语种分别举办图书首发式、研讨会、座谈会、展销月等系列活动，邀请诸如柬埔寨首相洪森、巴基斯坦总理谢里夫、尼泊尔总统班达里等许多国家的政要，以及著名智库学者和媒体人士参与相关活动，有效扩大了该书的国际知名度和影响力。《习近平谈治国理政》的海外成功，最主要的原因是这本书很好地回应了国际社会的关切。党的十八大以来，党中央立足当代中国国情和发展实践，围绕改革发展稳定、内政外交国防、治党治国治军，提出了一系列治国理政新理念新思想新战略，集中体现在《习近平谈治国理政》这本书中。通过阅读该书，海外读者既能了解到中国的发展理念和发展道路，也能看到世界问题的中国观点和中国方案，还能听到中国与国际社会共同发展、共享繁荣的美好愿望和心声。《习近平谈治国理政》可以说是国际社会全面了解当代中国及其未来走向的一把金钥匙。[1] 2017年 11 月，《习近平谈治国理政》第二卷公开发行。2020 年 6 月，《习近平谈治国理政》第三卷发行。截至 2020 年 7 月 30 日，《习近平谈治国理政》第一卷已出版 33 个语种、38 个版本，第二卷已出版 12 个语种、15 个版本，发行遍及 160 多个国家和地区。第三卷，首批海外发行覆盖 70 个国家和地区。这表

---

1 张福海. 坚守使命 继往开来 持续讲好中国故事. 对外传播，2017（08）.

明世界对中国的热切关注。《习近平谈治国理政》第四卷中、英文版自2022年7月出版发行以来，在国内反响热烈。法文、俄文、阿拉伯文、西班牙文、葡萄牙文、德文、日文及中文繁体等8个文版，已于2023年6月出版，面向海内外发行，相信也一定能够产生很好的反响。

《习近平谈治国理政》第二卷多语种版本图书（图片摄于2017年11月27日）

讲好中国故事是新时代的新要求。新时代是中国从大国走向强国的时代，是中国要为世界作出更大贡献的时代。国际上十分关心中国向何处去，必须主动讲好中国共产党治国理政的故事、中国人民奋斗圆梦的故事、中国坚持和平发展合作共赢的故事，让世界更好了解中国。这几年中国主动出击，出版和对外发行了"中国共产党为什么能"系列、"中国共产党精神"系列、"中国梦"系列、"一带一路"系列、"中国关键词"系列、《大中华文库》等一批对外介绍中国共产党、中国基本国情、中国当代发展成就和中国优秀文化主题图书。中共中央对外联络部也多次举办了中国共产党的"故事会"，举办中国共产党与世界政党高层对话会，邀请世界各地的政党走到中国来，面对面和中国专家交流，近距离了解中国共产党。近些年来，中国在举办亚太经济合作组织（APEC）会议、二十国集团（G20）峰会、"一带一路"国际合作高峰论坛等国际型活动时，比较注意借此开展公共外交，积极发挥主场优势，精心展示中国良好形象，向世界传递友善合作情谊。2018 年的中非合作论坛北京峰会迎来了51 位非洲国家领导人，包括 40 位总统、10 位总理、1 位副总统。这表明中非关系发展良好，也表明中国国际影响力逐渐增强。2018 年中国成功举办了国际进口博览会，这在世界上都是第一次，不仅结交了更多的朋友，还展示了中国对外开放的良好形象。

2011 年 10 月 12 日，《历史的轨迹：中国共产党为什么能？》英文版在法兰克福书展首发

　　经过多方面的努力，中国国家形象稳步提升。美国智库皮尤研究中心进行了一系列关于中国国际形象的全球公众意见调查。报告显示，全球各地区受访国家中，对中国持有积极态度的比例从 2013 年的 50% 提升为 2015 年的 55%。2019 年 10 月 18 日，当代中国与世界研究院在北京发布《中国国家形象全球调查报告 2018》。报告显示，海外受访者为中国整体印象打出 6.2 分，延续了近年来小幅稳定上升的趋势。其中，发展中国家受访者与去年相比分数涨幅较大，对中国形象的评价更为正面，特别是认可中国是全球发展贡献者的比例达60%，与上一年相比上升 12%。

　　为讲好中国故事，国家主席习近平身体力行、率先垂范。作为中国故事

"第一讲解人"，他在诸多外交场合用"讲故事"的方式，来传播中华文化、阐释中国理念、传递中国友谊、展示天下情怀，给国际社会留下深刻印象。例如，他由诗人岑参"长安城中百万家"，讲述唐宋时期中国城市文明曾经的辉煌，回顾古代中国的灿烂业绩，着眼于近代中国的落后屈辱，分析当代中国的弯道超车，展现了中国领导人的宏阔视野，让人真切体会"中国奇迹"的来之不易；他讲了3位中国华侨冒险救出12名刚果邻居的故事，阐述两国人民的情谊；他讲"己所不欲，勿施于人"，传递中国外交的义利观；他讲"新狮子论"，巧妙反驳了"中国威胁论"……他讲亲身经历，也讲历史故事；他讲传统友谊，也讲最新进展……一个个生动的故事经他娓娓道来，具有令人震撼的思想力量、直抵人心的人格力量、平易近人的语言力量，讲出了中国魅力，征服了世界听众。他讲故事之所以吸引人，主要在于注意寻找国家间、不同国家公民之间的公约数，用真实的故事，传承合作共赢、和平共处的中国理念。

讲好中国故事，大家都在行动。中央发布《关于进一步加强和改进中华文化走出去工作的指导意见》《关于加快发展对外文化贸易的意见》《关于加强"一带一路"软力量建设的指导意见》等文件，统筹对外文化交流、文化传播和文化贸易，讲好中国故事，传播好中国声音。结合"一带一路"建设，深化中外人文交流，感知中国、中国文化年、欢乐春节等品牌活动影响扩大、成效明显，丝绸之路影视桥、丝路书香工程深入推进。2016年春节"中国电影，普天同映"全球发行平台正式启动，与亚洲、欧洲、北美洲多国主流院线成功对接。2017年"欢乐春节"活动在140个国家、500个城市开展了2000多项活动，直接观众2.8亿人次。这些平台和品牌都将成为传播中国故事、提升中国形象的重要承载，成为中国思想、中国价值留声世界、造福人类的重要舞台。

在国际舞台上，彰显时代创新的中国故事引来八方喝彩：京剧名家张火丁走进纽约林肯中心，成功演出全本京剧《白蛇传》《锁麟囊》；上海昆剧团将汤显祖的"临川四梦"首次完整搬上舞台并开启世界巡演，所到之处盛况空前；曹文轩、刘慈欣、刘震云等一批中国作家，走到国际大奖舞台聚光灯下。

讲好中国故事，要讲真实的故事。例如，有一位印度总统访问上海时来到郊区，乡长介绍乡里情况时说的是：国内生产总值有多少，人均收入有多少，建了多少房子……印度总统接着在参观一户农民家新房时问女主人，为什么儿子和儿媳妇的房子比老两口的又好、又大、又明亮？这位农村妇女说："儿媳妇在我们这儿是最受重视的，是我们请来的客人，我们必须对客人好。"乡长说理，妇女说事，哪个好？实际上是讲故事容易记，和外国人交流讲的就是你身边的故事和你自己的故事。这是中国公共外交专家赵启正授课时讲到的故事。

讲好中国故事，也需站稳立场与讲究技巧。中美贸易战中，中国一直在向世界、向美国讲清个中利害。2018 年 9 月，中国发布了《关于中美经贸摩擦的事实与中方立场》，以大量事实和翔实数据，说明美国的保护主义和贸易霸凌主义行为对世界经济发展的危害，展示中国坚定维护国家利益、坚定维护多边贸易体制的决心和意志。美国圣托马斯大学休斯敦分校教授乔恩·泰勒认为，该白皮书阐明了中国立场，指明事实上中美间的贸易比美方认为的更加平衡。美国耶鲁大学高级研究员斯蒂芬·罗奇也认为，白书皮非常详细有效地阐明了中方对美方指控的回应，并明确指出了美方的不当做法。在此时中国发表白皮书，是为了避免贸易摩擦进一步扩大而采取的建设性做法，充分显示了中国坚持对话协商解决争端的态度。为了让美国民众了解中美贸易战的影响，2018 年 9 月 23 日，《中国日报》在美国艾奥瓦州的《得梅因纪事报》上刊登了四页广告，陈述中方立场。艾奥瓦州是美国"豆农大本营"，素有"美国粮仓"之称。美国总统也对此作出了反应。在国外刊登广告，是我们讲好中国故事的重要方面，这不是第一次了。

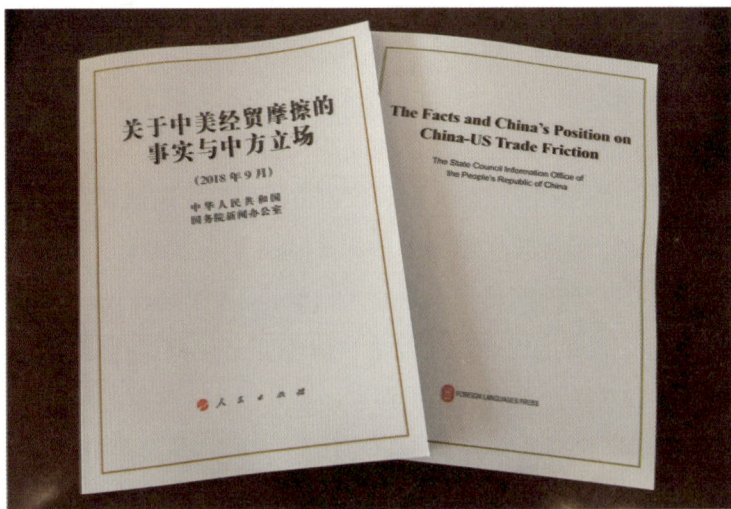

《关于中美经贸摩擦的事实与中方立场》白皮书中文版和英文版书影
（图片摄于 2018 年 9 月 25 日）

　　当今世界，话语权实际存在"西强我弱"的局面，中国有时陷入有理"说不清""说不出""不会说""说不过人家"的尴尬境地。大力提高讲好中国故事的能力很有必要。这就需要加强国际传播能力建设，精心构建对外话语体系，增强对外话语的创造力、感召力、公信力，传播好中国声音，阐释好中国特色；要完善国际传播工作格局，创新宣传理念、创新运行机制，汇聚更多资源力量；树立人人都是国家形象代言人的理念，不断提高国民的道德修养、文明素质，推动全社会文明水平提高；必须增强文化自信，推动文化繁荣发展，切实提高国家文化软实力。

　　英国前首相撒切尔夫人曾经说过，中国永远不会成为超级大国，因为只能出口电视，而出口不了电视节目。新时代，我们要努力发展文化事业和文化产业，既要出口电视，更要出口电视节目，才能让世界更多地了解中国。有理由相信，中国一定会在不远的将来以文明型国家崛起，实现民族复兴的光荣梦想。

第五章

坚持以人民为中心

2014年2月7日，国家主席习近平在接受俄罗斯电视台记者专访时指出，作为国家领导人，人民把我放在这样的工作岗位上，我就要始终把人民放在心中最高的位置，牢记责任重于泰山，时刻把人民群众的安危冷暖放在心上，兢兢业业，夙夜在公，始终与人民心心相印、与人民同甘共苦、与人民团结奋斗。习近平总书记是这么说的，更是这么做的。党的十八大以来，他提出以人民为中心的发展思想，并将其贯穿到治国理政的方方面面。具体到民生领域，大家耳熟能详的就是精准扶贫，坚持"房子是用来住的，不是用来炒的"，尽力保障就业，优先发展教育，不断提高中国人民的幸福感、安全感。

一、进行精准扶贫

全面建成小康社会，一个都不能少。消除贫困、改善民生、逐步实现共同富裕，是社会主义的本质要求，是中国共产党的重要使命。长期以来，党和政府做了大量工作，使7亿多农村贫困人口成功脱贫，这一成就得到世界赞誉。但我国扶贫攻坚形势依然严峻，截至2013年年底，全国仍有7000多万贫困人口，不少群众贫困程度还很深。

2013年11月3日，习近平总书记在考察湖南省花垣县湘西十八洞村时首次提出了"精准扶贫"的重要思想。为切实做好扶贫工作，2015年11月27～28日，中央扶贫开发工作会议在北京召开，中央政治局常委与地方党政主要负责人全部出席。在这个堪称"史上最高规格"的扶贫会上，吹响了消除绝对贫困、决胜小康社会的最强劲号角。习近平总书记在会上指出："脱贫攻坚战的冲锋号已经吹响。我们要立下愚公移山志，咬定目标、苦干实干，坚决打赢脱贫攻坚战，确保到2020年所有贫困地区和贫困人口一道迈入全面小康社会。"这次会议结束后不久,《中共中央　国务院关于打赢脱贫攻坚战的决定》公开发布。2016 年国务院组织编制印发了《"十三五"脱贫攻坚规划》,中共中央办公厅、国务院办公厅就落实《中共中央　国务院关于打赢脱贫攻坚战的决定》制定了 10 个配套文件,32 个牵头部门和 77 个参与部门共出台 118 个政策文件或实施方案。

2013 年 11 月 3 日,习近平总书记来到湖南省花垣县十八洞村考察调研,首次提出"精准扶贫"的重要思想(图片摄于 2019 年 10 月 29 日)

精准扶贫工作扎实推进。一是建立脱贫攻坚责任制,中西部 22 个省党委和政府向中央签订责任书。2016 年底对这 22 个省脱贫攻坚工作进行了督查巡查,开展成效考核,委托专家学者开展第三方评估。明确贫困县必须作为、提倡作为、禁止作为的九项标准。二是党建扶贫发出威力。开展建档立卡"回头看",扶贫对象识别精准度进一步提高。各地共向贫困村选派驻村工作队 12.8 万个,派出驻村干部 54 万余人。全国选派 18.8 万名优秀干部到贫困村和基层党组织薄弱村担任第一书记,提升带动群众脱贫能力。三是社会力量广泛参与扶贫。东西部扶贫协作首次实现对全国 30 个民族自治州全覆盖,明确了京津冀协同发展中京津两市与河北省张家口、承德和保定三市的扶贫协作任务。启动"携手奔小康"行动，东部发达地区 267 个经济较强县（市、区）结对帮扶西部 406 个贫困县。国务院国资委组织中央企业设立贫困地区产业投资基金，51 家央企参与出资。[1] 加上实施产业扶贫和根据中央部署各地积极实施发展生产脱贫一批、异地搬迁脱贫一批、生态补偿脱贫一批、发展教育脱贫一批、社会保障兜底一批"五个一批"工程，近些年成功实现几千万人口脱贫。截至 2019 年年底，全国还有贫困人口 551 万，比上年末减少 1109 万；贫困发生率降至 0.6%，比上年下降 1.1 个百分点。经过上下艰苦努力，加上引导贫困群众树立宁愿苦干、不愿苦熬的观念，坚持扶贫和扶志扶智有机结合，2020 年我们已经胜利完成脱贫攻坚战的历史性任务，创造出了彪炳史册的历史伟业。

二、深化社会改革

2019 年 7 月 30 日，山东省沂南县公安局民警在为群众办理户籍手续。当日，国务院公布《关于进一步推进户籍制度改革的意见》，明确建立城乡统一的户口登记制度

中国人口众多，社会治理存在诸多难题，社会建设任重道远。党的十八届三中全会把"促进社会公平正义"定为社会体制改革的价值目标，顺应了转型期社会的基本需求。2014 年 2 月，中央全面深化改革领导小组审议通过了《关于深化司法体制和社会体制改革的意见及贯彻实施分工方案》，提出要加快形成科学有效的社会治理体制，促进社会公平正义，保障人民安居乐业。

一是实施户籍制度改革。一纸户籍，仿佛一堵高墙，将城里人与农村人分隔于墙的两边。户籍制度改革，给户籍松绑，解决

1　顾仲阳.脱贫攻坚首战全面告捷.人民日报，2017-02-17（1）.

农民进城的身份之困，不仅关乎亿万百姓的切身利益，也直接关系到新型城镇化建设的成败。党的十八届三中全会明确提出："加快户籍制度改革，全面放开建制镇和小城市落户限制，有序放开中等城市落户限制，合理确定大城市落户条件，严格控制特大城市人口规模。"2014 年 7 月，国务院发布《关于进一步推进户籍制度改革的意见》，提出建立城乡统一的户口登记制度。取消农业户口与非农业户口性质区分和由此衍生的蓝印户口等户口类型，统一登记为居民户口。体现户籍制度的人口登记管理功能为户籍改革打下了坚实基础。2016 年 9 月 29 日，《国家人权行动计划（2016—2020 年）》发布，提出要落实国务院户籍制度改革方案，取消农业户口与非农业户口性质区分，建立城乡统一的户籍登记制度。全面实施居住证暂行条例，推进居住证制度覆盖全部未落户城镇常住人口。

二是动态调整完善生育政策。调整完善生育政策，促进人口长期均衡发展，是以习近平同志为核心的党中央科学把握人口发展规律，从中华民族长远发展的战略高度出发作出的重大决策。2015 年 12 月底，中共中央、国务院发布了《关于实施全面两孩政策，改革完善计划生育服务管理的决定》，之后全国人大常委会修订了《中华人民共和国人口与计划生育法》。从 2016 年 1 月 1 日开始全面实施两孩政策。2016 年是实施全面两孩政策的第一年，也是实施单独两孩政策的第三年，政策效应逐步显现。2017 年 1 月，国家统计局根据 1‰ 抽样调查，推算出全国出生人口为 1786 万，生育水平提升到 1.7 以上。之所以修订计划生育政策，也与中国人口老龄化现象突出、人口红利逐渐消失等诸多因素有关。2021 年 5 月 31 日，中共中央政治局召开会议，审议《关于优化生育政策促进人口长期均衡发展的决定》并指出，为进一步优化生育政策，实施一对夫妻可以生育三个子女政策及配套支持措施。7 月 20 日《中共中央　国务院关于优化生育政策促进人口长期均衡发展的决定》公布。8 月 20 日，全国人大常委会会议表决通过了关于修改人口与计划生育法的决定，修改后的人口计生法规定，国家提倡适龄婚育、优生优育，一对夫妻可以生育三个子女。这是中国积极应对人口老龄化而实行的一种计划生育政策。

三是教育体制改革。教育是民族振兴和社会进步的基石，事关国家未来。第一，是通过《关于深化考试招生制度改革的实施意见》，全面启动考试招生制度改革，提出改革总的目标是形成分类考试、综合评价、多元录取的考试招生模式，健全促进公平、科学选才、监督有力的体制机制，构建衔接沟通各级各类教育、认可多种学习成果的终身学习立交桥。第二，现代学校制度建设迈出关键步伐。坚持和完善普通高校党委领导下的校长负责制，健全党委与行政议事决策制度和协调运行机制。加强学术组织建设，充分发挥学术委员会在学术事务方面的作用。第三，教育管理体制改革有力有序推进，先后取消下放 21 项教育行政审批事项，评审评估评价事项减少 1/3。通过《关于深化职称制度改革的意见》，全面推开中小学教师职称制度改革，在中小学设置正高级教师职称（职务），拓宽中小学教师职业发展通道。第四，积极稳妥做好教育对外开放工作。2015 年，国务院颁布《统筹推进世界一流大学和一流学科建设总体方案》，确定了"双一流"建设的重大举措，重点支持若干所高校和一批学科进入世界一流行列，若干学科进入世界一流学科前列。在习近平总书记的亲自关心下，教育公平、幼儿教育、师德师风建设也有很大加强。这些举措，推动教育事业取得明显进步。

四是深化医药体制改革。党的十八大以来，深化医药卫生体制改革取得明显进展，形成了一批符合实际、行之有效的经验做法。第一，推进公立医院改革。先后颁布《关于城市公立医院综合改革试点的指导意见》《关于整合城乡居民基本医疗保险制度的意见》等文件，截至 2019 年年底，全国 32 个省份实现城乡居民医保制度整合工作。第二，加强儿童医疗卫生服务改革。儿童健康事关家庭幸福和民族未来，但我国每千名儿童儿科执业（助理）医师数仅为 0.49 人，低于世界主要发达国家（0.85～1.3 人）。2016 年 3 月，中央全面深化改革领导小组第二十二次会议审议通过《关于加强儿童医疗卫生服务改革与发展的意见》，提出要紧紧围绕加强儿科医务人员培养和队伍建设、完善儿童医疗卫生服务体系、推进儿童医疗卫生服务领域改革、防治结合提高服务质量等关键问题，系统设计改革路径，切实缓解儿童医疗服务资源短缺问题。第三，推进家庭医生签约服务制度。2016 年 4 月，中央全面深化改革领导小组第二十三次会议审议通过《关于推进家庭医生签约服务的指导意见》。第四，推动改革完善药品生产流通机制。2016 年 12 月，中央全面深化改革领导小组第三十一次会议审议通过了《关于进一步改革完善药品生产流通使用政策的若干意见》。此外，新食品安全法等法规正式实施，用最严格的监管制度保障"舌尖上的安全"；药品医疗器械审评审批制度改革贯彻落实，让患者以更快速度、更低价格用上救命药、放心药；实施《中医药健康服务发展规划（2015—2020年）》，建构医疗康复、老年护理、健康管理、健身养生等新兴产业组合发展的崭新格局……一系列改革举措的实施，推动中国医药卫生事业续写亮丽答卷。

新冠疫情的发生，暴露了公共卫生服务体系还有明显短板。在2020年6月2日举行的专家学者座谈会上，习近平总书记发表了重要讲话，指出了中共中央下一步加强医药卫生事业的建设思路。他表示，面对突如其来的新冠疫情，党中央统筹全局、果断决策，坚持把人民生命安全和身体健康放在第一位，全党全军全国各族人民上下同心、全力以赴，采取最严格、最全面、最彻底的防控举措，全国疫情防控阻击战取得重大战略成果。这些成果的取得，彰显了中国共产党领导和我国社会主义制度的显著政治优势，体现了改革开放以来我国日益增强的综合国力，展现了全党全军全国各族人民同舟共济、众志成城的强大力量。习近平总书记指出，在疫情防控斗争中，广大专家学者以高度的政治责任感和使命感，发挥专业优势，在分析疫情形势、完善防控策略、指

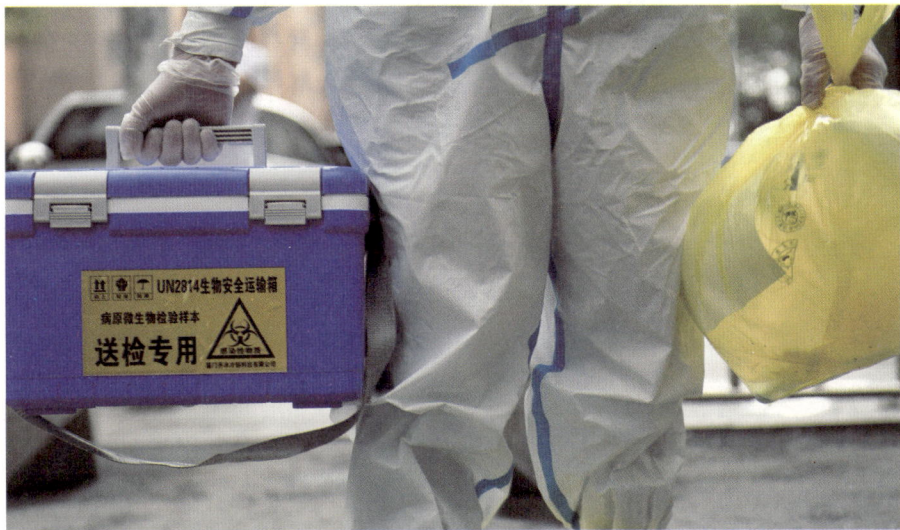

2020年5月17日，在吉林省吉林市丰满区疾病预防控制中心，工作人员在排队等候送检核酸采集样本

导医疗救治、加快科研攻关、修订法律法规、促进国际合作等方面献计献策，为疫情防控斗争作出了重要贡献，并代表党中央向大家表示衷心的感谢。

习近平总书记强调，人类健康是社会文明进步的基础。党的十八大以来，党中央明确了新时代党的卫生健康工作方针，强化提高人民健康水平的制度保障，坚持预防为主，稳步发展公共卫生服务体系，成功防范和应对了甲型H1N1流感、H7N9、埃博拉出血热等突发疫情，主要传染病发病率显著下降。在实现"两个一百年"奋斗目标的历史进程中，发展卫生健康事业始终处于基础性地位，同国家整体战略紧密衔接，发挥着重要支撑作用。他指出，疾病预防控制体系是保护人民健康、保障公共卫生安全、维护经济社会稳定的重要保障。[1] 要立足更精准更有效地防，在理顺体制机制、明确功能定位、提升专业能力等方面加大改革力度。要建立稳定的公共卫生事业投入机制，改善疾病预防控制基础条件，完善公共卫生服务项目。要优化完善疾病预防控制机构职能设置，建立上下联动的分工协作机制。要加强国家级疾病预防控制机构能力建设，强化其技术、能力、人才储备。要健全疾控机构和城乡社区联动工作机制，加强乡镇卫生院和社区卫生服务中心疾病预防职责，夯实联防联控的基层基础。要创新医防协同机制，建立人员通、信息通、资源通和监督监管相互制约的机制。要加强疾控人才队伍建设，建立适应现代化疾控体系的人才培养使用机制，稳定基层疾控队伍。要建设一批高水平公共卫生学院，着力培养能解决病原学鉴定、疫情形势研判和传播规律研究、现场流行病学调查、实验室检测等实际问题的人才。

习近平总书记强调，要把增强早期监测预警能力作为健全公共卫生体系当务之急，完善传染病疫情和突发公共卫生事件监测系统，改进不明原因疾病和异常健康事件监测机制，提高评估监测敏感性和准确性，建立智慧化预警多点触发机制，健全多渠道监测预警机制，提高实时分析、集中研判的能力。要加强实验室检测网络建设，提升传染病检测能力。要建立公共卫生机构和医疗机构协同监测机制，发挥基层哨点作用，做到早发现、早报告、早处置。要健全突发公共卫生事件应对预案体系，分级分类组建卫生应急队伍，覆盖形势研

---

1 习近平.构建起强大的公共卫生体系 为维护人民健康提供有力保障.求是，2020（18）.

判、流行病学调查、医疗救治、实验室检测、社区指导、物资调配等领域。要强化基层卫生人员知识储备和培训演练，提升先期处置能力。要深入开展卫生应急知识宣教，提高人民群众对突发公共卫生事件认知水平和预防自救互救能力。各级党委和政府要建立定期研究部署重大疫情防控等卫生健康工作机制，做到指令清晰、系统有序、条块畅达、执行有力。[1]

习近平总书记指出，我们坚持人民至上、生命至上，前所未有调集全国资源开展大规模救治，不遗漏一个感染者，不放弃每一位病患，从出生不久的婴儿到100多岁的老人都不放弃，确保患者不因费用问题影响就医。[2]要统筹应急状态下医疗卫生机构动员响应、区域联动、人员调集，建立健全分级、分层、分流的重大疫情救治机制。要全面加强公立医院传染病救治能力建设，完善综合医院传染病防治设施建设标准，提升应急医疗救治储备能力。要以城市社区和农村基层、边境口岸城市、县级医院和中医院为重点，完善城乡三级医疗服务网络。要加强国家医学中心、区域医疗中心等基地建设，提升重大传染病救治能力。

习近平总书记强调，爱国卫生运动是我们党把群众路线运用于卫生防病工作的成功实践。要总结新冠疫情防控斗争经验，丰富爱国卫生工作内涵，创新方式方法，推动从环境卫生治理向全面社会健康管理转变，解决好关系人民健康的全局性、长期性问题。要全面改善人居环境，加强公共卫生环境基础设施建设，推进城乡环境卫生整治，推进卫生城镇创建。要倡导文明健康绿色环保的生活方式，开展健康知识普及，树立良好饮食风尚，推广文明健康生活习惯。要推动将健康融入所有政策，把全生命周期健康管理理念贯穿城市规划、建设、管理全过程各环节。各级党委和政府要把爱国卫生工作列入重要议事日程，探索更加有效的社会动员方式。[3]

习近平总书记指出，中西医结合、中西药并用，是这次疫情防控的一大特点，也是中医药传承精华、守正创新的生动实践。要加强古典医籍精华的梳理和挖掘，建设一批科研支撑平台，改革完善中药审评审批机制，促进中药新药研发和产业发展。要加强中医药服务体系建设，提高中医院应急和救治能力。

1-3　习近平.构建起强大的公共卫生体系　为维护人民健康提供有力保障.求是，2020（18）.

2020 年 3 月 16 日，在哈药集团世一堂中药饮片有限责任公司的生产车间内，工作人员正在生产健康人群新冠病毒感染预防方剂，助力全省企业复产复工

要强化中医药特色人才建设，打造一支高水平的国家中医疫病防治队伍。要加强对中医药工作的组织领导，推动中西医药相互补充、协调发展。[1]

习近平总书记强调，要有针对性地推进传染病防治法、突发公共卫生事件应对法等法律修改和制定工作，健全权责明确、程序规范、执行有力的疫情防控执法机制，进一步从法律上完善重大新发突发传染病防控措施，明确中央和地方、政府和部门、行政机关和专业机构的职责。要普及公共卫生安全和疫情防控法律法规，推动全社会依法行动、依法行事。[2]

习近平总书记指出，科学技术是人类同疾病斗争的锐利武器，人类战胜大灾大疫离不开科学发展和技术创新。要加大卫生健康领域科技投入，集中力量开展核心技术攻关，发挥新型举国体制的优势。要深化科研人才发展体制机制改革，完善战略科学家和创新型科技人才发现、培养、激励机制，吸引更多优秀人才进入科研队伍，为他们脱颖而出创造条件。[3]

五是进行社会体制改革。社会体制改革是中国特色社会主义事业总体布局中社会建设的重要组成部分，是一项影响深远的社会变革。党的十八届三中全

1-3　习近平.构建起强大的公共卫生体系　为维护人民健康提供有力保障.求是，2020（18）.

会明确提出进行社会体制改革，并成立社会体制改革专项小组负责。2014 年 2 月，中央全面深化改革领导小组审议通过了《关于深化司法体制和社会体制改革的意见及贯彻实施分工方案》。近年来，社会体制改革涉及社会领域体制机制的方方面面，有很多亮点，主要表现在以下几个方面：第一，深化就业体制改革。消除城乡、行业、身份、性别等一切影响平等就业的制度障碍和就业歧视，促进以高校毕业生为重点的青年就业和农村转移劳动力、城镇困难人员、退役军人就业，形成大众创业、万众创新的新局面。增强失业保险制度预防失业、促进就业功能，完善就业失业监测统计制度。第二，深化收入分配体制改革。规范收入分配秩序，建立个人收入和财产信息系统，保护合法收入，调节过高收入，清理规范隐性收入，取缔非法收入，增加低收入者收入，扩大中等收入者比重，努力缩小城乡、区域、行业收入分配差距。随着各种调节收入分配政策的力度加大，我国近年来衡量收入差距的基尼系数逐年平缓降低。第三，深化社会保障制度改革。推进实现基础养老金全国统筹，正式启动机关事业单位养老保险制度改革。建立健全合理兼顾各类人员的社会保障待遇确定和正常调整机制。建立公开规范的住房公积金制度，改进住房公积金提取、使用、监管机制。加快发展企业年金、职业年金、商业保险，构建多层次社会保障体系。第四，深化社会治理体制改革。改进社会治理方式，加强党委领导，发挥政府主导作用，鼓励和支持社会各方面参与，实现政府治理和社会自我调节、居民自治良性互动。坚持依法治理，加强法治保障，运用法治思维和法治方式化解社会矛盾。建立畅通有序的诉求表达、心理干预、矛盾调处、权益保障机制。全国上访和群体性事件不断上涨的势头得到有效遏制，社会秩序保持总体稳定。[1]

三、人民生活持续改善

党的十八大以来，全国各地各部门从人民群众最关心的事情做起，交出了一份温暖人心的民生答卷。个税起征点上调，就业目标提前完成，养老金 17

　　1　李培林.社会体制改革多亮点——党的十八大以来全面深化改革新实践.求是，2016（5）.

年连涨；居住条件持续改善，户籍管理改革提速，创业门槛越来越低；学前教育发布指导意见，养老机构有了标准规范，抗癌新药纳入医保报销……一项项民生改革新举措接连出台，从更合理的收入分配结构、更多样的就业渠道，到更让人放心的消费环境，改革发力更准更稳，全面建成小康社会步履坚实，人民生活水平跃上新台阶。

从 2018 年 10 月 1 日起，个税起征点从每月 3500 元上调至 5000 元。改革实施首月，工资薪金所得 2 万元以下的纳税人，减税幅度超过 50%，占税改前纳税人总数的 96.1%。全国个人所得税减税 316 亿元，6000 多万人不用再为工资薪金所得缴纳个税。国家统计局公布，前三季度全国居民人均可支配收入21035 元，扣除价格因素实际增长 6.6%，与国内生产总值增长基本同步，快于人均国内生产总值增速 0.4 个百分点。

2018 年，国家深入实施高校毕业生就业创业促进计划和基层成长计划，中央补助资金、招募名额和岗位开发进一步向贫困地区和扶贫岗位倾斜。大力推进失业保险援企稳岗和支持技能提升工作，仅上半年就向 16 万户企业发放稳岗补贴 52 亿元，惠及职工 1470 万人，向 22.4 万人次发放技能提升补贴3.7 亿元。7 月 31 日，中共中央政治局会议提出"六稳"，要求把稳定就业放在更加突出的位置。12 月，国务院发布《关于做好当前和今后一个时期促进就业工作的若干意见》，对不裁员或少裁员的参保企业，可返还其上年度实际缴纳失业保险费的 50%。符合创业担保贷款申请条件的人员自主创业的，可申请最高不超过 15 万元的创业担保贷款。前 11 个月，全国城镇新增就业人数 1293 万人，全年 1100 万人的就业目标提前完成，并有望连续第六年为超过 1300 万人提供就业岗位。第三季度末，全国城镇登记失业率为 3.82%，降至多年来低位。[1]

2018 年 7 月 1 日起，三大运营商取消手机流量漫游费，汽车进口关税下调，整车税率为 25% 的 135 个税号和税率为 20% 的 4 个税号的税率降至 15%；"十一"黄金周前，各地公布 981 个景区免费开放或门票降价措施，其中 5A、4A 级景区占比逾七成。前 11 个月，全国社会消费品零售总额 345093 亿元，

---

1 林丽鹂，杜海涛. 民生答卷，枝叶关情暖人心——迈向高质量发展这一年（四）. 人民日报，2018-12-21（001）.

同比增长 9.1%。各项民生改革措施形成合力，协同性更强。国家市场监管总局加强食品、保健食品等欺诈和虚假宣传整治力度，文化和旅游部的"利剑行动"共检查旅游企业 24390 家，公安部破获电信诈骗案件数万起，一连串重拳整治让消费者花钱更安心。"双 11"期间，各网购平台销售额强劲增长，仅天猫平台成交额就达 2135 亿元，创下历史新高。[1]

2018 年，各地各部门瞄准民生领域的热点、难点、痛点，着力破解群众反映强烈的突出问题，取得明显成效。一是幼有所育。11 月，《中共中央 国务院关于学前教育深化改革规范发展的若干意见》发布，要求积极扩大学前教育资源，加强师资建设。各省（区、市）要制定小区配套幼儿园建设管理办法，对存在配套幼儿园缓建、缩建、停建、不建和建而不交等问题的，不得办理竣工验收。二是学有所教。《高中阶段教育普及攻坚计划（2017—2020 年）》继续施行，距 2020 年全国普及高中阶段教育的目标更近。城乡义务教育一体化改革稳步推进，缓解了"乡村弱、城镇挤"的问题，更多困难家庭的孩子有了同等受教育的机会。三是劳有所得。2018 年，10 余个省份提高了最低工资标准，上海、广东、北京等 6 省市月最低工资标准已超 2000 元。与此同时，我国企业劳动合同签订率连续保持在 90% 以上，随着对《中华人民共和国劳动合同法》的积极落实，劳动者合法权益得到更有效的保障。四是病有所医。17 种抗癌药纳入医保报销目录，谈判药品价格平均降幅过半；"4+7"城市药品集中采购拟中选结果公示，拟中选药品价格平均降幅达 52%，百姓用药负担进一步减轻。同时，跨省异地就医费用直接结算有了重大进展，患者跑腿以及垫资的压力减少。五是老有所养。《养老机构等级划分与评定》征求意见稿发布，养老机构国家标准正在拟定，服务质量稳步提高、前景看好，住养老院成为许多老人乐意选择的晚年生活方式之一。六是住有所居。住建部数据显示：2018 年全国棚改已开工 616 万套，改善约 1400 万住房困难群众居住条件；全国公租房分配率超过 90%，更多居民的住房获得感明显提升。七是弱有所扶。中国残联联合国家发展改革委等 15 部门印发《关于扶持残疾人自主就业创业的意见》，明确了 20 多项促进残疾人自主就业创业、脱贫解困的扶持政策，8500 多

<hr />

1 林丽鹏，杜海涛.民生答卷，枝叶关情暖人心——迈向高质量发展这一年（四）.人民日报，2018-12-21（001）.

2020年6月5日，重庆市云阳县彭咏梧小学开展垃圾分类教育

万残疾人迎来政策红利。在保障网织得更牢更密的背后，是国家对民生投入的持续增加。1～11月，全国一般公共预算支出超过19万亿元，同比增长6.8％。其中，教育、就业、医疗卫生、节能环保等重点民生领域的投入占比近七成。

2018年，人社部、财政部、教育部等部门针对高校毕业生、贫困人口以及返乡农民工、回国留学生等不同群体、不同情况，量身定制创业帮扶政策。市场主体数量呈现"井喷式"增长。到9月底，全国实有市场主体已达1.06亿户。11月10日起，首批106项涉企行政审批事项实施"证照分离"改革，创业门槛进一步降低。创业之门越开越大，人才流动愈加便捷。户籍制度改革持续推进。北京市出台积分落户管理办法，并公示了第一批积分落户名单；江苏省宣布将在徐州、连云港、淮安、盐城、宿迁5市范围内实施户口通迁；天津、西安等城市纷纷出台颇有"含金量"的吸引人才新政策。各地各部门继续做好普惠性、基础性民生基础设施建设，全面提高公共服务水平。村里开通了公交车，站台修到了家门口。太原、西安、成都、沈阳、昆明、厦门、合肥、深圳、兰州等更多方向增开"复兴号"，各城市之间的"高铁时距"进一步缩短。12月初，中国铁路总公司宣布：我国又将在月内开通10条铁路新线；新增高铁营业里程约2500千米。全国下大气力推进跨区域联防联控，治理大气污染，加速垃圾分类示范片区建设，改善城乡环境。截至12月底，福建、贵州、江西等21个省区市已出台生活垃圾分类实施方案，46个重点城市着力推进生活垃圾分类投放、收集、运输和处理设施体系建设。

2018年1月1日起，企业和机关事业单位退休人员基本养老金总体上调

5% 左右。1.14 亿名退休人员因此受益。习近平总书记指出："我们要着力解决人民群众所需所急所盼，让人民共享经济、政治、文化、社会、生态等各方面发展成果，有更多、更直接、更实在的获得感、幸福感、安全感，不断促进人的全面发展、全体人民共同富裕。"[1]在庆祝改革开放 40 周年大会上的这一重要讲话，让全国人民无比振奋、充满向往。

根据 2020 年政府工作报告，2019 年我国民生进一步改善。居民人均可支配收入超过 3 万元。基本养老、医疗、低保等保障水平提高。城镇保障房建设和农村危房改造深入推进。义务教育阶段学生生活补助人数增加近 40%，高职院校扩招 100 万人。

根据 2021 年政府工作报告，民生状况持续改善。工作报告中指出，2020 年我们优先稳就业保民生，人民生活得到切实保障。就业是最大的民生，保市场主体也是为稳就业保民生。各地加大稳岗扩岗激励力度，企业和员工共同克服困难。多渠道做好重点群体就业工作，支持大众创业万众创新带动就业。新增市场主体恢复快速增长，创造了大量就业岗位。城镇新增就业 1186 万人，年末全国城镇调查失业率降到 5.2%。作为最大发展中国家，在巨大冲击下能够保持就业大局稳定，尤为难能可贵。加强生活必需品保供稳价，居民消费价格上涨 2.5%。线上办公、网络购物、无接触配送等广泛开展。大幅度扩大失业保险保障范围。对因疫情遇困群众及时给予救助，新纳入低保、特困供养近 600 万人，实施临时救助超过 800 万人次。抵御严重洪涝、台风等自然灾害，全力应急抢险救援，妥善安置受灾群众，保障了人民群众生命财产安全和基本生活。

2023 年政府工作报告指出，针对就业压力凸显，强化稳岗扩就业政策支持。2022 年城镇调查失业率一度明显攀升。财税、金融、投资等政策更加注重稳就业。对困难行业企业社保费实施缓缴，大幅提高失业保险基金稳岗返还比例，增加稳岗扩岗补助。落实担保贷款、租金减免等创业支持政策。突出做好高校毕业生就业工作，开展就业困难人员专项帮扶。在重点工程建设中推广以工代赈。脱贫人口务工规模超过 3200 万人、实现稳中有增。就业形势总体保

1　习近平 . 在庆祝改革开放 40 周年大会上的讲话 . 新华社，2018-12-18.

持稳定。针对全球通胀高企带来的影响，以粮食和能源为重点做好保供稳价。2022年全球通胀达到40多年来新高，国内价格稳定面临较大压力。有效应对洪涝、干旱等严重自然灾害，不误农时抢抓粮食播种和收获，督促和协调农机通行，保障农事活动有序开展，分三批向种粮农民发放农资补贴，保障粮食丰收和重要农产品稳定供给。发挥煤炭主体能源作用，增加煤炭先进产能，加大对发电供热企业支持力度，保障能源正常供应。在全球高通胀的背景下，我国物价保持较低水平，尤为难得。针对部分群众生活困难增多，强化基本民生保障。阶段性扩大低保等社会保障政策覆盖面，将更多困难群体纳入保障范围。延续实施失业保险保障扩围政策，共向1000多万失业人员发放失业保险待遇。向更多低收入群众发放价格补贴，约6700万人受益。免除经济困难高校毕业生2022年国家助学贷款利息并允许延期还本。做好因疫因灾遇困群众临时救助工作，切实兜住民生底线。这些成绩来之不易。

此外，坚持统筹兼顾，抗击新冠疫情，确保人民安康。2019年年底发生的新冠疫情，是中华人民共和国成立以来我国遭遇的传播速度最快、感染范围最广、防控难度最大的重大突发公共卫生事件。在以习近平同志为核心的党中央坚强领导下，经过全国上下和广大人民群众艰苦卓绝努力并付出牺牲，疫情防控取得重大战略成果。

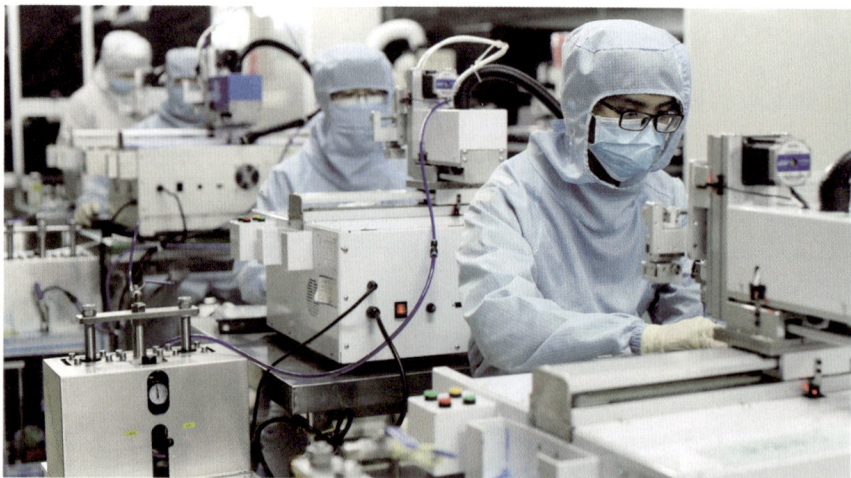

2020年2月，江西省万年县在坚持疫情防控工作不放松的同时，各部门主动靠前服务，有力有序推进企业复工复产

抗击新冠疫情期间，出现了很多温暖人心的故事，涌现出很多令人感动的人和事。无论是身在中央指导组还是处在社区、农村、学校，大家都全力以赴、共同艰苦奋斗，展现出了中国人民的良好风貌和团结集体精神。当然，也有人抹黑中国、频频"甩锅"。我们不受干扰，坚持做好自己的事，也正在赢得应有的尊重。

在重大疫情面前，以习近平同志为核心的党中央一开始就鲜明提出把人民生命安全和身体健康放在第一位。在全国范围调集最优秀的医生、最先进的设备、最急需的资源，全力以赴投入疫病救治，救治费用全部由国家承担。人民至上、生命至上，不惜一切代价保护人民生命安全和身体健康。无论是亲临湖北武汉，给湖北人民加油鼓劲，喊出了英雄的湖北人民、英雄的武汉人民，还是十三届全国人大会议上一定要有湖北省代表团，都显示出习近平总书记牵挂湖北人民。为了全国人民安康，党中央还采取了一系列重大举措，包括加大新基建力度，通过"六保"确保"六稳"等，并明确强调，要继续坚持外防输入、内防反弹的要求，绷紧疫情防控这根弦，完善常态化防控机制，确保疫情

2020年2月15日，山东省支援湖北医疗队从济南出发，前往湖北省黄冈市支援疫情防控和救治工作

不出现反弹。

2020 年 5 月 22 日下午，习近平总书记在参加他所在的十三届全国人大三次会议内蒙古代表团审议时强调："中国共产党根基在人民、血脉在人民。党团结带领人民进行革命、建设、改革，根本目的就是为了让人民过上好日子，无论面临多大挑战和压力，无论付出多大牺牲和代价，这一点都始终不渝、毫不动摇。坚持以人民为中心的发展思想，体现了党的理想信念、性质宗旨、初心使命，也是对党的奋斗历程和实践经验的深刻总结。必须坚持人民至上、紧紧依靠人民、不断造福人民、牢牢植根人民，并落实到各项决策部署和实际工作之中，落实到做好统筹疫情防控和经济社会发展工作中去。"[1] 只要中国共产党和人民紧紧站在一起，坚持江山就是人民、人民就是江山，就能获得源源不断的伟力，就能无往而不胜。

2021 年中国共产党迎来一百周年，习近平总书记在庆祝中国共产党成立 100 周年大会上宣布：经过全党全国各族人民持续奋斗，我们实现了第一个百年奋斗目标，在中华大地上全面建成了小康社会，历史性地解决了绝对贫困问题，正在意气风发向着全面建成社会主义现代化强国的第二个百年奋斗目标迈进。

进入中国特色社会主义新时代，以习近平同志为核心的党中央，坚持统筹发展和安全，一方面坚持以人民为中心的发展思想，努力改善民生；一方面贯彻总体国家安全观，国家安全领导体制和法治体系、战略体系、政策体系不断完善，在原则问题上寸步不让，以坚定的意志品质维护国家主权、安全、发展利益，国家安全得到全面加强。共建共治共享的社会治理制度进一步健全，民族分裂势力、宗教极端势力、暴力恐怖势力得到有效遏制，扫黑除恶专项斗争取得阶段性成果，有力应对一系列重大自然灾害，平安中国建设迈向更高水平。2022 年召开的党的二十大，就维护国家安全作出专章论述，为新征程上更好维护国家安全指明了方向。

---

1 习近平在参加内蒙古代表团审议时强调 坚持人民至上 不断造福人民 把以人民为中心的发展思想落实到各项决策部署和实际工作中 . 新华社，2020-05-22.

第六章

大力推动生态文明建设

党的十八大以来，以习近平同志为主要代表的中国共产党人，坚持绿水青山就是金山银山的理念，坚持山水林田湖草沙一体化保护和系统治理，全方位、全地域、全过程加强生态环境保护，生态文明制度体系更加健全，污染防治攻坚向纵深推进，绿色、循环、低碳发展迈出坚实步伐，生态环境保护发生历史性、转折性、全局性变化，我们的祖国天更蓝、山更绿、水更清。

一、绿水青山就是金山银山

保护生态，理念先行。2005 年 8 月 15 日，时任浙江省委书记的习近平在浙江安吉余村调研座谈时，针对干部群众在如何处理环境保护与经济增长问题上出现的思想矛盾、困惑和彷徨，提出了"绿水青山就是金山银山"的重要理念，为正处于推进"生态立县"关键时刻的安吉县指明了方向，也为正处于"成长中的烦恼"的浙江推进生态省建设提供了重要的理论指导和实践依据。

"绿水青山就是金山银山"的这一崭新理念，使广大干部群众豁然开朗。余村是"既要金山银山又要绿水青山"即"两山论"的重要发源地，也是"两山论"的实践地，更是"两山论"的受益者。十多年来，安吉县上下坚定不移地举"两山"旗、走"两山"路、创"两山"业，一任接着一任干、一张蓝图绘到底，成功走出了一条生态美、产业兴、百姓富的科学发展之路，实现了经济发展与生态保护的良性循环。余村已经成为远近闻名的生态文明示范村，每天慕名而来的中外游客和参观者络绎不绝，盛赞安吉农村的生态人文与欧洲农村相比毫不逊色。安吉余村是中国践行"两山论"的一个范例、一个样本和一面旗帜。"两山论"已经化为中国大地的生动实践。"绿水青山就是金山银山"，在中国可谓家喻户晓、老少皆知，不仅是干部群众最响亮的口号，而且逐渐成

2018年6月3日，浙江省安吉县余村村民向参观者介绍生态农业观光园。余村积极建设美丽乡村，把当地"绿水青山"的环境优势转化为建设"金山银山"的现实生产力

为自觉自愿的行为。

"两山论"不仅因应人与自然关系走向，而且反映了习近平总书记对生态文明建设的深刻洞察。改革开放以来，随着社会发展和人民生活水平的提高，中国人对于干净的水、清新的空气、安全的食品、优美的环境等要求越来越高，生态环境在群众生活幸福指数中的地位不断凸显，环境问题日益成为重要的民生问题。老百姓过去"盼温饱"，现在"盼环保"；过去"求生存"，现在"求生态"。正是针对人民日益增长的美好生活需要尤其是生态环境的需要，习近平总书记反复强调，环境就是民生，青山就是美丽，蓝天也是幸福，绿水青山就是金山银山；像保护眼睛一样保护生态环境，像对待生命一样对待生态环境；决不能以牺牲生态环境为代价换取经济的一时发展，逐渐形成了习近平生态文明思想。

习近平生态文明思想内容丰富，为新时代生态文明建设明确了目标方向。习近平总书记指出，生态兴则文明兴，生态衰则文明衰。他把生态文明建设作

"两山论"指导下的山西治汾实践：上图为汾河山西临汾段的河道边堆满垃圾（图片摄于 2009 年 2 月 5 日），下图为汾河山西临汾段主河道风景如画（图片摄于 2016 年 4 月 20 日）

为中国特色社会主义总体布局的重要内容，提出人与自然是生命共同体，人类必须尊重自然、顺应自然、保护自然；提出社会主义现代化是人与自然和谐共生的现代化，既要创造更多物质财富和精神财富以满足人民日益增长的美好生活需要，也要提供更多优质生态产品以满足人民日益增长的优美生态环境需要；提出必须坚持节约优先、保护优先、自然恢复为主的方针，形成节约资源和保护环境的空间格局、产业结构、生产方式、生活方式，努力建设望得见山、看得见水、记得住乡愁的美丽中国。习近平总书记关于"绿水青山就是金山银山"的重要论述，为建设生态文明提供了根本遵循。绿水青山是人民幸福生活的重要内容，是金钱不能替代的；绿水青山和金山银山绝不是对立的，关键在人，关键在思路。一些地方生态环境资源丰富又相对贫困，更要通过改革创新，探索一条生态脱贫的新路子，让贫困地区的土地、劳动力、资产、自然风光等要素火起来，让资源变资产、资金变股金、农民变股东，让绿水青山变金山银山。

二、习近平生态文明思想的提出

习近平生态文明思想是在 2018 年 5 月举行的全国生态环境保护大会上首次明确提出的。大会认为，党的十八大以来，以习近平同志为核心的党中央深刻回答了为什么建设生态文明、建设什么样的生态文明、怎样建设生态文明的重大理论和实践问题，提出了一系列新理念新思想新战略，形成了习近平生态文明思想，成为习近平新时代中国特色社会主义思想的重要组成部分。这一思想涉及生态文明建设的地位、原则、体系等诸多方面。

习近平总书记在大会上讲话时指出，生态文明建设是关系中华民族永续发展的根本大计。他提出推进生态文明建设的六项重要原则，即坚持人与自然和谐共生、绿水青山就是金山银山、良好生态环境是最普惠的民生福祉、山水林田湖草是生命共同体、用最严格制度最严密法治保护生态环境、共谋全球生态文明建设。为遵循这六项原则，习近平总书记还首次提出要加快构建生态文明体系的"五个体系"，即生态文化体系、生态经济体系、目标责任体系、生态文明制度体系、生态安全体系。"五个体系"首次系统界定生态文明体系的基本框架，其中生态经济体系提供物质基础；生态文明制度体系提供制度保障；生态文化建设提供思想保证、精神动力和智力支持；目标责任体系和生态安全体系是生态文明建设的责任和动力，是底线和红线。"五个体系"是对贯彻"六项原则"的具体部署，也是从根本上解决生态问题的对策体系。

全国环保大会的召开不仅明确提出了习近平生态文明思想，而且还就下一步生态文明建设作出部署，增强了方位感、画出了路线图。习近平总书记提出，生态文明建设正处于压力叠加、负重前行的关键期，已进入提供更多优质生态产品以满足人民日益增长的优美生态环境需要的攻坚期，也到了有条件有能力解决生态环境突出问题的窗口期。要积极回应人民群众所想、所盼、所急，大力推进生态文明建设，提供更多优质生态产品，不断满足人民群众日益增长的优美生态环境需要。良好生态环境是最普惠的民生福祉，坚持生态惠民、生态利民、生态为民，重点解决损害群众健康的突出环境问题，要把解决突出生态环境问题作为民生优先领域。坚决打赢蓝天保卫战是重中之重，要以空气质量明显改善为刚性要求，强化联防联控，基本消除重污染天气，还老百姓蓝天白云、繁星闪烁；要深入实施水污染防治行动计划，保障饮用水安全，基本消灭城市黑臭水体，还给老百姓清水绿岸、鱼翔浅底的景象；要全面落实土壤污染防治行动计划，突出重点区域、行业和污染物，强化土壤污染管控和修复，有效防范风险，让老百姓吃得放心、住得安心；要持续开展农村人居环境整治行动，打造美丽乡村，为老百姓留住鸟语花香、田园风光。

这是武陵山片区侗族村寨（图片摄于 2019 年 5 月 9 日）。过去，当地百姓长期依赖于原始、粗放的"伐木经济"，生态破坏严重，后来人们开始转变观念，培育绿色动能，走出了一条绿色脱贫之路

　　贯彻习近平生态文明思想，必须树立绿色发展理念。绿色是永续发展的必要条件。人因自然而生，人与自然是一种共生关系，人类发展活动必须尊重自然、顺应自然、保护自然。当前，我国生态环境保护形势依然非常严峻，人民群众对清新空气、干净饮水、安全食品、优美环境的要求越来越强烈。树立绿色发展理念，就必须坚持节约资源和保护环境的基本国策，坚持可持续发展，坚定走生产发展、生活富裕、生态良好的文明发展道路，加快建设资源节约型、环境友好型社会，形成人与自然和谐发展的现代化建设新格局，推进美丽中国建设，为全球生态安全作出新贡献。

三、让中国更加美丽

　　行动最有说服力。美丽中国、重在建设。党的十八大把生态文明建设纳入中国特色社会主义"五位一体"总体布局，党的十九大报告中把建设美丽中国写入奋斗目标，明确提出到本世纪中叶把我国建设成为富强民主文明和谐美丽的社会主义现代化强国的目标。2018年十三届全国人大一次会议通过了《中华人民共和国宪法修正案》，将这一目标载入国家根本大法。为了建设美丽家园，中国大力推动绿色发展，开展一系列根本性、开创性、长远性工作，推动生态环境保护发生历史性、转折性、全局性变化。中国的努力得到了世界认可。2016年5月，联合国环境规划署专门发布《绿水青山就是金山银山：中国生态文明战略与行动》报告，充分认可中国生态文明建设的举措和成果。美国库恩基金会主席罗伯特·劳伦斯·库恩对中国环保问题的跟踪已有20年。他认为，中国在环境治理方面的措施很有效果。今天的中国环境有了很大改善。

深化生态体制改革，加快推进生态文明顶层设计和制度体系建设。2013～2017年，中央全面深化改革领导小组召开38次会议，其中涉及生态文明体制改革的有20次。2015年，习近平总书记主持审定《生态文明体制改革总体方案》，明确提出到2020年，构建起由自然资源资产产权制度、国土空间开发保护制度、空间规划体系、资源总量管理和全面节约制度、资源有偿使用和生态补偿制度、环境治理体系、环境治理和生态保护市场体系、生态文明绩效评价考核和责任追究制度等八项制度构成的产权清晰、多元参与、激励约束并重、系统完整的生态文明制度体系，推进生态文明领域国家治理体系和治理能力现代化，努力走向社会主义生态文明新时代。党的十九大以来，在推进党和国家机构改革中，为更好保护"青山绿水"、治理污染，组建了生态环境部和自然资源部两个部门。这样有利于更好落实生态文明建设的整体规划和体制机制，有助于治愈生态环保领域"九龙治水"的沉疴。这是我国推进生态文明建设领域治理体系和治理能力现代化的一场深刻变革。

为了让河湖变得更加清澈，中国全面推行河长制、湖长制。2016年11月，中共中央办公厅、国务院办公厅印发了《关于全面推行河长制的意见》，并发出通知要求各地区各部门结合实际认真贯彻落实。河长制，即由中国各级党政主要负责人担任"河长"，负责组织领导相应河湖的管理和保护工作。湖长制也在试点推广过程之中。这样，中国的河与湖都有了明确的生态"管家"，责任也明确了。我国五大淡水湖之一的洞庭湖位于长江中游，被称为"长江之肾"。然而，洞庭湖生态环境曾经迅速恶化。监测数据显示，2003年至2013

这是洞庭湖国家级自然保护区内的小天鹅（图片摄于 2017 年 3 月 1 日）。近年来，湖南省自上而下发动省、市、县、乡、村五级干部打"洞庭湖生态环境保卫战"，使湖区生态环境得以改善

年，洞庭湖的劣 Ⅴ 类水质占比从零增加到 5%，Ⅱ、Ⅲ 类水质断面已经消失。湖南痛下决心，打响洞庭湖生态环境保卫战——叫停挖沙、关停造纸等污染企业、拆除养殖网箱……八百里洞庭浩浩汤汤的壮观景象逐渐重现。从洞庭湖到鄱阳湖，从滇池到太湖，鱼翔浅底、碧波荡漾，一幅幅优美图景见证着多年来我国大力推进生态文明建设的成果。

2017 年施行的《浙江省河长制规定》明确将"河长制"定义为"由河长对水域的治理、保护予以监督和协调，督促或者建议政府及相关主管部门履行法定职责、解决责任水域存在问题的体制和机制"。河长制，不是用新设立的河长来替代主管部门日常监督检查职责的制度，而是作为日常监督检查的补充和辅助，推动和帮助部门更好地履行职责。实际上，河长制最早在浙江先行先试。在浙江，每一块河道边都有河长公示牌，上面各级河长的姓名、电话以及职务等写得清清楚楚，而且蓝色的牌子很醒目，有任何问题都可以第一时间联系到人。2018 年，浙江一共配备各级河长 5.7 万余名，其中省级河长 6 名、市级河长 272 名、县级河长 2786 名、乡级河长 19320 名、村级河长 35091 名，

2018 年 7 月 10 日，在浙江省湖州市东林镇保健村河道上，河长及工作人员乘船巡河

形成了省、市、县、乡、村"五级联动"的河长制体系，并将河长制延伸到小微水体，实现水体全覆盖。在"五级联动"河长制体系中，省级河长主要管流域，负责协调和督促解决责任水域治理和保护的重大问题；市、县级河长主要负责协调和督促相关主管部门制定和实施责任水域治理和保护方案；乡、村两级河长协调和督促水域治理和保护具体任务的落实，做好日常巡河工作。有的河长说，每周巡河，都需要拍照上传到河长 App 上。河长制不仅让河流有了责任主体，定点到人，解决了原河道水环境管理责任不清、职责不明的问题，还改变了每一个临河而居的百姓的理念。以前没人管，大家你扔我也扔。现在有"河长"监管，有巡查员巡视，有保洁员，大家也不好意思再乱扔乱排了。村里人不仅开始约束自己和家人的行为，而且碰到陌生人向河道扔垃圾也会主动制止。除"官方河长"外，浙江还有各种护河队及志愿者，如公安机关推行"河道警长"、共青团组织"河小青"巡河、妇联成立"巾帼护河队"、村集体有"池大爷""塘大妈"……初步统计，这样的民间河长约有 10 万。如此一来，全民参与，人人成为水环境的守护者。统计显示，全省公众对治水的支持度多年来均在 96% 以上。

河长制推行后，浙江水环境实现历史性好转，全面完成消灭垃圾河 6500 千米，消灭黑臭河 5100 千米，基本清除了"黑、臭、脏"的感官污染。统计数据显示，2017 年全省地表水省控断面中，Ⅲ类以上水质断面占 82.4%，全省已消灭劣Ⅴ类水质断面。环保部开展的 2016 年度《水污染防治行动计划》（"水十条"）实施情况考核，浙江省列全国首位，2016 年年底推广到了全国。如今，在全国大部分地方，不管是大江大河还是小河小溪，几乎都能见到河长的身影。

生态环保领域的法治建设快马加鞭。党的十八大以后，根据中国生态文明建设的总体思路，对 20 世纪 80 年代通过的《中华人民共和国环境保护法》进行了修订。新环保法增加按日连续计罚等执法手段，被赞"环保法终于长出了牙齿"；修订大气污染防治法、水污染防治法、环境影响评价法等，提高环境违法成本；正在制订中的土壤污染防治法，将成为防治土壤污染的一把"利剑"。

进行生态文明建设必须动真碰硬。党的十八大以来，下大力气淘汰水泥、平板玻璃等落后产能，退出钢铁产能 1.7 亿吨以上、煤炭产能 8 亿吨；从中央到地方都加强散煤治理，推进重点行业节能减排，71% 的煤电机组实现超低排放；提高了燃油品质，淘汰黄标车和老旧车 2000 多万辆；对重点流域海域水污染加强防治，化肥农药使用量实现零增长；持续推进重大生态保护和修复工程，加强荒漠化、石漠化、水土流失综合治理。

建立并实施中央环境保护督察制度，实行严厉问责。2015 年 12 月启动河北省督察试点以来，中央环保督察持续发力，全国各地掀起了一场持久的环保督察风暴。2016 年 7 月和 11 月、2017 年 4 月和 8 月分 4 批开展督察，实现了对 31 个省（区、市）全覆盖。在此过程中，严格执法，严肃处理了一些对生态保护不力的地方和单位。

祁连山是我国西部重要生态安全屏障，是黄河流域重要水源产流地，是我国生物多样性保护优先区域，国家早在 1988 年就批准设立了甘肃祁连山国家级自然保护区。长期以来，祁连山局部生态破坏问题十分突出。对此，习近平总书记多次作出批示，要求抓紧整改。在中央有关部门督促下，甘肃省虽然做了一些工作，但情况没有明显改善。

甘肃省武威市天祝县境内的祁连山国家级自然保护区景色（图片摄于 2017 年 6 月 16 日）

2017 年 2 月 12 日～3 月 3 日，由党中央、国务院有关部门组成中央督察组就此开展专项督察。督察组认为，在祁连山生态环境保护方面，甘肃省从主管部门到保护区管理部门，从综合管理部门到具体审批单位，由于责任不落实、履职不到位，不作为、乱作为，监管层层失守，以致一些违法违规项目畅通无阻，自然保护区管理有关规定名存实亡。7 月，中央政治局常委会会议听取督察情况汇报，对甘肃祁连山国家级自然保护区生态环境破坏典型案例进行了深刻剖析，并对有关责任人作出严肃处理。责成甘肃省委和省政府向党中央作出深刻检查，时任省委和省政府主要负责同志认真反思、吸取教训。

2017 年 7 月 20 日，中共中央办公厅、国务院办公厅就甘肃祁连山国家级自然保护区生态环境问题发出通报。通报指出：通过调查核实，甘肃祁连山国家级自然保护区生态环境破坏问题突出。主要有：一是违法违规开发矿产资源问题严重。保护区设置的 144 宗探矿权、采矿权中，有 14 宗是在 2014 年 10 月国务院明确保护区划界后违法违规审批延续的，涉及保护区核心区 3 宗、缓冲区 4 宗。长期以来大规模的探矿、采矿活动，造成保护区局部植被破坏、水土流失、地表塌陷。二是部分水电设施违法建设、违规运行。当地在祁连山区域黑河、石羊河、疏勒河等流域高强度开发水电项目，共建有水电站 150 余座，其中 42 座位于保护区内，存在违规审批、未批先建、手续不全等问题。由于在设计、建设、运行中对生态流量考虑不足，导致下游河段出现减水甚至断流现象，水生态系统遭到严重破坏。三是周边企业偷排偷放问题突出。部分企业环保投入严重不足，污染治理设施缺乏，偷排偷放现象屡禁不止。巨龙铁合金公司毗邻保护区，大气污染物排放长期无法稳定达标，当地环保部门多次对其执法，但均未得到执行。石庙二级水电站将废机油、污泥等污染物倾倒河道，造成河道水环境污染。四是生态环境突出问题整改不力。2015 年 9 月，环境保护部会同国家林业局就保护区生态环境问题，对甘肃省林业厅、张掖市政府进行公开约谈。甘肃省没有引起足够重视，约谈整治方案瞒报、漏报 31 个探采矿项目，生态修复和整治工作进展缓慢，截至 2016 年年底，仍有 72 处生产设施未按要求清理到位。

上述问题的产生，虽然有体制、机制、政策等方面的原因，但根子上还是甘肃省及有关市县思想认识有偏差，不作为、不担当、不碰硬，对党中央决策部署没有真正抓好落实：一是落实党中央决策部署不坚决不彻底；二是在立法层面为破坏生态行为"放水"；三是不作为、乱作为，监管层层失守；四是不担当、不碰硬，整改落实不力。为严肃法纪，根据《中国共产党问责条例》《中国共产党纪律处分条例》《党政领导干部生态环境损害责任追究办法（试行）》等有关规定，按照党政同责、一岗双责、终身追责、权责一致的原则，经党中央批准，决定对相关责任单位和责任人进行严肃问责。

通报指出，甘肃祁连山国家级自然保护区生态环境问题具有典型性，教训十分深刻。各地区各部门要切实引以为鉴、举一反三，自觉把思想和行动统一到党中央决策部署上来，严守政治纪律和政治规矩，坚决把生态文明建设摆在全局工作的突出地位抓紧抓实抓好，为人民群众创造良好生产生活环境。在这次环保问责过程中，包括甘肃省三名副省级干部在内，有上百人因祁连山生态破坏问题被问责。这场被称为"史上最严"的环保问责风暴也引发了涉事地干部群众的深刻反思，表明了中国政府对破坏生态环境的严格执法。

2018年开展的环保督察"回头看"行动中，发现很多地方没有解决好问题。6月6日17时，中央第二环境保护督察组对内蒙古"回头看"举报电话开通。到6月7日12时，在不到一天的时间里，32件有效举报电话中有两件反映了同一家企业的问题：呼和浩特市和林格尔县西沟门移民新村木器加工厂喷漆味道浓重，噪声污染严重，而且没有任何环境影响评价手续。早在2016年环保督察组进驻内蒙古期间就收到对该木器加工厂的举报，当时该厂已取缔，但两个月以后重新开工，并逐渐扩大生产规模。举报人多次向当地有关部门举报，一直未得到解决，举报过程中该厂暂时停产，规避检查。最后经过调查，这家工厂在第一轮中央环保督察中被举报、查封之后，根本没停产。而最近停产一周，也是为了"迎接"督察组。"这正是应付整改、敷衍整改的典型做法。"中央环保督察组如此评价。后来相关责任人都受到严肃处理。中央环保督察成效显著，大幅提升了各方面加强生态环境保护、推动绿色发展的意识，切实解决了一大批群众身边的突出环境问题，促进了地方产业结构的转型升级，有效促进了地方环境保护、生态文明机制的健全和完善。加强环境保护既要打攻坚战，又要打持久战。环保督察刮起的环保风暴不会停，但也会避免一刀切现象，真正实现环保和发展相互促进。

深入实施大气、水、土壤污染防治三大行动计划。经过艰苦努力，顺利完成"大气十条"各项任务。与2013年相比，2017年全国338个地级及以上城市PM10平均浓度下降22.7%，京津冀、长三角、珠三角等重点区域PM2.5平均浓度分别下降39.6%、34.3%、27.7%，天更蓝了。累计治理沙化土地1.5亿亩，全国完成造林5.08亿亩，森林覆盖率达到21.66%，成为同期全球森林资源增长最多的国家，山更绿了。有的中国导演去陕西拍电影，本来打算拍摄黄土高坡的壮观景象，但没想到由于绿化得好，昔日黄土高坡披上了绿装。相比2012年，2017年全国地表水好于III类水质所占比例提高了6.3个百分点，劣V类水体比例下降4.1个百分点，水更清了。

沙漠化治理成效显著，让沙漠变绿洲。2013年8月1～3日，第四届库布齐国际沙漠论坛于中国内蒙古举行，本届论坛以"沙漠·生态·科技"为主题。时任联合国秘书长潘基文为论坛开幕发来贺词：面临荒漠化的挑战，我们可以使用先进的技术，还可以利用市场，基于经济的手段进行刺激，等等。库布齐国际沙漠论坛提供了一个平台，使大家有机会分享造林和遏制沙漠化的优良经验。中国在其中显示出非凡的领导力，并取得诸多重要成果。之所以选库布齐作为国际沙漠论坛的关键词，那是因为中国人在荒漠化治理尤其是库布齐沙漠治理方面创造了令世界为之惊叹的奇迹。

库布齐沙漠是中国第七大沙漠，总面积有 1.86 万平方千米，流动沙丘约占61%，曾是令人生畏的"死亡之海"。飞鸟无法穿越，植被无法存活，不适宜人类居住。1993 年，11 级强风把黄沙卷起 400 米高，如蘑菇云般翻滚。在这场巨大灾难中，116 人死亡，400 多间房屋倒塌，中国人从那时开始认识、研究、防治沙尘暴。但现在，当你站在沙丘之巅，眼前舒展起伏的金色沙海里穿插着一片片盎然的绿。寂静沙漠里，只听得到徐徐风声与婉转鸟鸣，植物清香淡淡飘散，沙地里还有野生动物奔跑过的足迹，深浅不一，踪迹难寻。越野车队在河畔穿行而过，沙漠深处，无数探险徒步者在挑战自我。作为全球唯一被

这是山西省永和县黄河岸边的景色（图片摄于 2019 年 8 月 28 日）。经过多年大规模造林，山西省森林覆盖率大幅提升，曾经以"黄"和"灰"为底色的黄土高坡正展现出多彩的美丽景致

整体治理的沙漠，库布齐已经是教科书级别的世界奇迹。2015 年，库布齐沙漠绿化成果更是以其突出的成绩和特殊的贡献意义，荣获联合国颁发的年度土地生命奖。2017 年 7 月 29 日，第六届库布齐国际沙漠论坛在内蒙古鄂尔多斯市开幕。国家主席习近平在贺信中指出，荒漠化是全球共同面临的严峻挑战。荒漠化防治是人类功在当代、利在千秋的伟大事业。中国历来高度重视荒漠化防治工作，取得了显著成就，为推进美丽中国建设作出了积极贡献，为国际社会治理生态环境提供了中国经验。库布齐治沙就是其中的成功实践。2017 年 9 月，联合国发布第一份生态财富报告，报告指出：库布齐已修复绿化沙漠 6253 平方千米，创造 5000 多亿元生态财富，让当地 10 万农牧民脱困。这背后是 30 多年来几代治沙人的不懈努力。

生态文明建设不仅需要中央政府的设计推动，更要靠地方政府的积极努力。根据内蒙古自治区林业和草原局 2019 年 4 月的消息，内蒙古森林面积已由 2013 年的 3.73 亿亩增加到 3.92 亿亩，森林覆盖率由 21.03％提高到 22.10％。这是因为近年来，内蒙古按照"三山两沙四区"林业生态建设框架，分区施策、重点突破，开展大规模国土绿化，持续组织实施天然林保护、京津风沙源治理、三北防护林建设、退耕还林还草等国家重点生态建设工程，推进生态系统一体化修复治理。全区每年完成林业生态建设任务 1000 万亩以上，占全国生态建设总任务的 1/9。全区将沙漠、沙地治理作为生态建设主战场，持续推进防沙治沙工作，专项治理浑善达克沙地、乌珠穆沁沙地重点区域，仅 2018 年就完成防沙治沙 1270 万亩。持续开展退化沙化草地治理、已垦草原退耕还草、工业矿区生态修复和打草场质量提升等草原生态修复工作，推动形成人草畜和谐发展格局。2015 年 4 月 1 日，内蒙古全面停止天然林商业性采伐，每年减少木材采伐量 151.2 万立方米，天然林资源保护实现全覆盖。经过多年生态治理，内蒙古实现森林覆盖率、草原植被盖度连续"双提高"，荒漠化、沙化土地持续"双减少"。巴丹吉林沙漠等五大沙漠周边重点治理区域沙漠扩展现象得到遏制，呼伦贝尔沙地实现沙化面积缩减、沙化程度减轻的较大转变，库布齐沙漠治理率达 34.7％，腾格里沙漠东南缘形成生物固沙带。2019 年，昆明市营造林工作会召开，昆明深入开展"青山"保护行动，积极推进退耕还林等生态培育工程，全面抓好石漠化治理，推进宜林荒山荒地、低质低效

这是位于库布齐沙漠中的内蒙古亿利生态能源光伏电站（图片摄于 2017 年 9 月 3 日）。近 20 年来，库布齐沙漠生态治理发生了人进沙退的历史性转变

林地、坡耕地、抛荒地"四地治理"，全市营造林计划任务 552130 亩。2019 年昆明市把植树区选择在高速公路和高铁沿线面山，滇池流域、重点水源保护区及城镇农村面山。在地块选择上，适地适树，结合农用地种植结构调整，充分拓展国土绿化空间。在树种选择上，植树树种必须选择《昆明主要树种造林技术》中推荐的 45 种乡土树种，未按要求使用 45 种乡土树种的作业设计实行一票否决制。在营造林模式上，造、封、管并重，全面提质增量，以营建混交林为主，乔灌草（地被）搭配，采取必要的工程措施，适当密植造林，实现造林一片、成活一片、成林一片、见效一片。

　　每个人都是乘凉者，但更要做好种树人。按照习近平总书记提出的"因地制宜，深入推进大规模国土绿化行动"的要求，2019 年 3 月以来，从西部沙漠内蒙古库布齐，到南海热带三亚胡抱坡岭，从太行山脉的山西晋城到三峡库区的重庆万州，植树造林在各地全面展开。在河北雄安新区，2017 年 11 月启动"千年秀林"工程。2019 年 1 月，习近平总书记在雄安新区考察时强调，先植绿、后建城。雄安新区在"千年秀林"的建设中，就是按照适地适树的原则，选用的大多数树种都是乡土树种。通过不同树种的合理搭配，做到了四季常绿。这些地方的扎实举措，贯彻落实了党中央生态文明建设的思想。

2019年1月举行的全国生态环境保护工作会议，对之后的生态环保工作作出部署，着力做好12个方面的重点工作。这些工作包括积极推动经济高质量发展、加强重大战略规划政策研究制定、坚决打赢蓝天保卫战、全力打好碧水保卫战、扎实推进净土保卫战、加强生态保护修复与监管、积极应对气候变化、持续提高核与辐射安全监管水平、大力推进生态环境保护督察执法、深化生态环境领域改革等。党中央于2019年启动了第二轮中央生态环境保护督察。统筹开展重点区域大气污染防治、集中式饮用水水源地环境保护、渤海入海排污口排查整治、长江入河排污口排查整治、打击固体废物及危险废物严重违法行为、"绿盾"自然保护区监督检查等强化监督。系统构建生态环境风险防范体系，妥善应对突发环境事件。修订审批环评建设项目目录。加快推进重点行业排污许可证核发。推进生态环境保护综合行政执法改革、省以下生态环境机构监测监察执法垂直管理制度改革。继续推进在全国试行生态环境损害赔偿制度。健全环保信用评价和信息强制性披露制度。推动实施河长制、湖长制，制定实施湾长制的指导意见。还要推进固体废物污染防治、环境噪声污染防治等领域法律法规制修订。深入开展大气污染成因与治理等重点领域科技攻关。强化生态环境监测网络和监测能力建设，严厉打击监测数据弄虚作假行为。基本完成第二次全国污染源普查工作。加快生态环境保护大数据系统建设。做好2019年联合国世界环境日主办国及相关活动，深入推进环保设施公众开放。

四、积极参与全球生态治理

世界环境和气候的变化离不开各国人民的共同努力。作为最大的发展中国家，中国一直致力于国际的环保工作。尤其是进入新时代，中国不仅在国内生态治理上取得巨大进展，而且更加积极参与全球生态治理，为世界环境改善作出了自己的贡献。

积极推动《巴黎协定》生效，就实施涉及问题准备"中国方案"，展现负责任的大国形象。2015年11月30日，国家主席习近平在气候变化巴黎大会上说，中国在"国家自主贡献"中提出将于2030年左右使二氧化碳排放达到峰值并争取尽早实现，2030年单位国内生产总值二氧化碳排放比2005年下降60%～65%，非化石能源占一次能源消费比重达到20%左右，森林蓄积量比2005年增加45亿立方米左右。虽然需要付出艰苦的努力，但我们有信心和决心实现我们的承诺。《巴黎协定》描绘的绿色低碳发展全球大势与中国生态文明建设战略选择相一致，无论国际形势如何变化，中国都将贯彻创新、协调、绿色、开放、共享的发展理念，积极应对气候变化。这是可持续发展的内在需要，也是打造人类命运共同体的责任担当。

出资200亿元人民币建立中国气候变化南南合作基金。2014年9月，国家主席习近平特使、国务院副总理张高丽在出席联合国气候峰会时表示，中国将大力推进应对气候变化南南合作，从2015年开始在现有基础上把每年的资金支持翻一番，建立气候变化南南合作基金。2015年9月，国家主席习近平访美期间，正式宣布中国政府出资200亿元人民币建立中国气候变化南南合作基金。该基金旨在支持其他发展中国家应对气候变化、向绿色低碳发展转型，包括增强其使用绿色气候基金资金的能力和气候适应力，严格控制对国内以及国外高污染高排放项目的投资。该基金的建立是中国政府推进气候治理南南合作，向发展水平较为落后的国家和地区提供支持的务实举措。

为太平洋岛国应对气候变化提供支持。2014年11月22日，国家主席习近平同太平洋岛国领导人举行集体会晤。他在会晤时指出，中国和太平洋岛国虽然相距遥远，但双方人民有着天然的亲近感，友好交往源远流长。20世纪70年代以来，中国陆续同八个太平洋岛国建立外交关系，双方友好合作关系发展进入了快车道。当前中国和太平洋岛国传统友好更加牢固，共同利益不断拓展，合作前景日益广阔，双方关系面临乘势而上的良好机遇。中国对发展同太平洋岛国关系的重视只会加强、不会削弱，投入只会增加、不会减少。国家主席习近平代表中国政府表示，中方将在南南合作框架下为岛国应对气候变化提供支持，向岛国提供节能环保物资和可再生能源设备，开展地震海啸预警、海平面监测等合作。这受到与会国家领导的高度赞赏，彰显了中国积极参与全球生态治理的鲜明态度。

合作建立"一带一路"绿色发展国际联盟。推动绿色"一带一路"建设，分享绿色发展经验，将为提升沿线国家和地区的绿色发展水平发挥积极作用。"一带一路"绿色发展国际联盟是构建绿色发展国际合作伙伴的重要平台，是我国和联合国环境署共同启动组建的，旨在推动以绿色建设贯通"一带一路"成为国际共识和共同行动，落实联合国2030年可持续发展议程。联盟于2019年4月正式成立，有120多家机构确定成为联盟的合作伙伴。同时，中国率先发布《中国落实2030年可持续发展议程国别方案》，实施《国家应对气候变化规划（2014—2020年）》，与一些西方发达国家动辄"退群"自利形成鲜明对比，彰显出大国风范。英国伦敦政治经济学院外交与国际战略研究中心高级研究员、中国项目主管于洁表示，生态文明建设不仅是环境保护的需要，而且是中国下一步经济转型的需要，是中国对世界的庄严承诺。

近年来，中国积极参与环境保护国际合作，参与国际社会应对气候变化进程，主动承担国际责任，已批准加入50多项与生态环境有关的多边公约和议定书，在推动全球气候谈判、促进新气候协议达成等方面发挥着积极的建设性作用。中国在环境保护领域的努力得到国际社会的肯定。联合国环境规划署、世界银行、全球环境基金曾先后将"联合国环境规划署笹川环境奖""绿色环境特别奖""全球环境领导奖""地球卫士奖"等授予中国环保部门。

在中国谈起参与全球生态治理，不得不说发端于贵州的生态文明贵阳国际论坛。2009年8月，第一届生态文明贵阳会议成功举办，会上首次在国内提出"绿色经济"的概念。2012年11月，党的十八大召开，党中央将生态文明建设纳入"五位一体"总体布局，生态文明上升到国家战略高度。同年，生态文明贵阳国际论坛成为中国唯一一个参加联合国可持续发展大会里约峰会并向大会提交志愿承诺的论坛组织，向全世界传播了中国决心建设生态文明的声音。2013年年初，经党中央国务院批准，生态文明贵阳国际论坛升级为国家级、国际性高端论坛；国家主席习近平向论坛发来贺信，首次提出"走向生态文明新时代，建设美丽中国，是实现中华民族伟大复兴的中国梦的重要内容"。2015年，习近平在视察贵州时强调，"（论坛）对生态文明建设一系列理论和实践问题进行了深入探讨，发出了生态文明建设的中国声音"，同时也提出"要继续

这是浙江省杭州市淳安县汾口镇（图片摄于 2018 年 4 月 3 日）。2018 年 9 月 26 日，浙江"千村示范、万村整治"工程获得 2018 年联合国环境保护最高荣誉——"地球卫士奖"

办好这个论坛，深化同国际社会在生态环境保护、应对气候变化等领域的交流合作"的要求。该论坛举办至今已有十余年时间。在过去的十余年内，全世界近百个国家、地区及组织的上万名学者就环境保护进行了讨论，并制定了各项方案，这些方案得到了落地执行，取得了良好的效果。中国也通过生态文明贵阳国际论坛，彰显了中国生态治理的态度，中国也正逐渐成为全球生态治理的"稳定器"。

既立足中国实际，又为了整个世界，2020 年 9 月中国明确提出 2030 年"碳达峰"与 2060 年"碳中和"目标。2021 年 5 月 26 日，碳达峰碳中和工作领导小组第一次全体会议在北京召开。9 月 22 日，中共中央、国务院《关于完整准确全面贯彻新发展理念做好碳达峰碳中和工作的意见》发布。2022 年 1 月 24 日，习近平总书记在主持中共中央政治局就努力实现碳达峰碳中和目标进行的第三十六次集体学习时强调，必须深入分析推进碳达峰碳中和工作面临的形势和任务，充分认识实现"双碳"目标的紧迫性和艰巨性，要求注重处理好发展和减排、整体和局部、长远目标和短期目标、政府和市场等 4 对关系。

这是继 2021 年 12 月召开的中央经济工作会议将"正确认识和把握碳达峰碳中和"列为新发展阶段我国面临的新的重大理论和实践问题之一，定调"坚定不移推进，但不可能毕其功于一役"之后，中央再次就"双碳"工作提出的明确要求，为我们充分认识和努力实现"双碳"目标提供了根本遵循。这一目标的落实过程，是推进全球生态治理的重要内容，更是中国生态文明建设的标志性工作。

2019 年美国航天局卫星数据表明，全球从 2000 年到 2017 年新增的绿化面积中，约 1/4 来自中国，贡献比例居全球首位。但我们深知保护生态环境、建设美丽中国，任重道远。进行生态文明建设，需要党和政府的领导，更需要每一个中国人行动起来，自觉践行绿色发展理念、坚持绿色生活方式，切实把绿色融入生活、融入生命。衷心希望到中华人民共和国成立 100 周年时，中国会成为绿色强国。

第七章

强力推进强军兴军

强国必须强军、军强才能国安，必须建设同我国国际地位相称、同国家安全和发展利益相适应的巩固国防和强大人民军队。[1] 进入新时代，确立党在新时代的强军目标，贯彻习近平强军思想，贯彻新时代军事战略方针，坚持党对人民军队的绝对领导，召开古田全军政治工作会议，以整风精神推进政治整训，牢固树立战斗力这个唯一的根本的标准，坚决把全军工作重心归正到备战打仗上来，统筹加强各方向各领域军事斗争，大抓实战化军事训练，大刀阔斧深化国防和军队改革，重构人民军队领导指挥体制、现代军事力量体系、军事政策制度，加快国防和军队现代化建设，裁减现役员额三十万胜利完成，人民军队体制一新、结构一新、格局一新、面貌一新，现代化水平和实战能力显著提升，中国特色强军之路越走越宽广。[2]

一、确立党在新时代的强军目标

党的十八大根据中国面临的国家安全局势和发展利益问题、传统安全威胁和非传统安全威胁相互交织的情况，郑重提出："建设与我国国际地位相称、与国家安全和发展利益相适应的巩固国防和强大军队，是我国现代化建设的战略任务。"[3] 党的十八大报告指出，必须坚持以国家核心安全需求为导向，统筹经济建设和国防建设，按照国防和军队现代化建设"三步走"战略构想，加紧完成

---

[1]　中共中央. 中共中央关于党的百年奋斗重大成就和历史经验的决议. 北京：人民出版社，2021：52-53.

[2]　习近平. 高举中国特色社会主义伟大旗帜　为全面建设社会主义现代化国家而团结奋斗——在中国共产党第二十次全国代表大会上的报告. 北京：人民出版社，2022：12.

[3]　十八大报告文件起草组. 中国共产党第十八次全国代表大会文件汇编. 北京：人民出版社，2012：38.

机械化和信息化建设双重历史任务，力争到 2020 年基本实现机械化，信息化建设取得重大进展。

2012 年 11 月 15 日，党的十八届一中全会决定了中央军委组成人员，习近平同志任中央军委主席。当天，习近平主席主持召开新一届军委班子第一次常务会议，鲜明指出要始终以改革创新精神开拓前进，努力夺取军事竞争主动权。[1] 随后习近平主席指出："关于军队建设和改革，我想的最多的就是，在党和人民需要的时候，我们这支军队能不能始终坚持住党的绝对领导，能不能拉得上去、打胜仗，各级指挥员能不能带兵打仗、指挥打仗。"[2] 12 月，习近平主席在广州战区视察时首次提出"强军梦"，指出：实现中华民族伟大复兴的中国梦，是中华民族近代以来最伟大的梦想。可以说，这个梦想是强国梦，对军队来说，也是强军梦。我们要实现中华民族伟大复兴，必须坚持富国和强军相统一，努力建设巩固国防和强大军队[3]。

实现强军梦，必须明确回答新时代建设一支什么样的强大人民军队、怎样建设强大人民军队。2012 年年底，习近平主席在中央军委扩大会议上提出，为建设一支听党指挥、能打胜仗、作风优良的人民军队而奋斗。2013 年 3 月 11 日，习近平主席出席十二届全国人大一次会议解放军代表团全体会议，在认真听取了代表发言后郑重提出强军目标，他指出，建设一支听党指挥、能打胜仗、作风优良的人民军队，是党在新形势下的强军目标。2016 年 2 月，习近平主席在中央军委扩大会议上进一步提出了实现强军目标、建设世界一流军队的要求。在强军目标中，听党指挥是灵魂，决定军队建设的政治方向；能打胜仗是核心，反映军队的根本职能和军队建设的根本指向；作风优良是保证，关系军队的性质、宗旨、本色。

强国强军，战略先行。党的十八大以来，党提出新时代人民军队使命任务，创新军事战略指导，调整优化军事战略布局，强化人民军队塑造态势、管控危机、遏制战争、打赢战争的战略功能。[4] 2013 年 11 月，党的十八届三中全

1-2 曹智，李宣良，孙彦新等. 改革强军　奋楫中流——习主席和中央军委运筹设计深化国防和军队改革纪实. 新华社，2015-12-30.

3 习近平. 习近平谈治国理政. 第一卷（2 版）. 北京：外文出版社，2018：219.

4 中共中央. 中共中央关于党的百年奋斗重大成就和历史经验的决议. 北京：人民出版社，2021：54.

会提出，创新发展军事理论，加强军事战略指导，完善新时期军事战略方针。2014 年，中央军委制定新形势下军事战略方针。这一方针坚持积极防御，整体运筹备战与止战、维权与维稳、威慑与实战、战争行动与和平时期军事力量运用，将军事斗争准备基点放在打赢信息化局部战争上，以海上方向军事斗争为战略重心，增强了战略指导的积极性和主动性。2015 年 5 月，《中国的军事战略》正式发布。该白皮书明确指出了新的历史时期军队使命任务，要适应维护国家安全和发展利益的新要求，更加注重运用军事力量和手段营造有利战略态势，为实现和平发展提供坚强有力的安全保障；适应国家安全形势发展的新要求，不断创新战略指导和作战思想，确保能打仗、打胜仗；适应世界新军事革命的新要求，高度关注应对新型安全领域挑战，努力掌握军事竞争战略主动权；适应国家战略利益发展的新要求，积极参与地区和国际安全合作，有效维护海外利益安全；适应国家全面深化改革的新要求，坚持走军民融合式发展道路，积极支援国家经济社会建设，坚决维护社会大局稳定，使军队始终成为党巩固执政地位的中坚力量和建设中国特色社会主义的可靠力量。白皮书还明确了中国军队主要担负以下战略任务：应对各种突发事件和军事威胁，有效维护国家领土、领空、领海主权和安全；坚决捍卫祖国统一；维护新型领域安全和利益；维护海外利益安全；保持战略威慑，组织核反击行动；参加地区和国际安全合作，维护地区和世界和平；加强反渗透、反分裂、反恐怖斗争，维护国家政治安全和社会稳定；担负抢险救灾、维护权益、安保警戒和支援国家经济社会建设等任务。

2017 年召开的党的十九大对全面推进国防和军队现代化，提出了路线图、时间表和任务书，把习近平强军思想写入党章，确立这一思想在国防和军队建设中的指导地位。在党的十九大上，习近平主席对坚持走中国特色强军之路，全面推进国防和军队现代化进行了全面阐述。他强调："面对国家安全环境的深刻变化，面对强国强军的时代要求，必须全面贯彻新时代党的强军思想，贯彻新形势下军事战略方针，建设强大的现代化陆军、海军、空军、火箭军和战略支援部队，打造坚强高效的战区联合作战指挥机构，构建中国特色现代作战体系，担当起党和人民赋予的新时代使命任务。""适应世界新军事革命发展趋势和国家安全需求，提高建设质量和效益，确保到二〇二〇年基本实现机械化，信息化建设取得重大进展，战略能力有大的提升。同国家现代化进程相一致，全面推进军事理论现代化、军队组织形态现代化、军事人员现代化、武器装备现代化，力争到二〇三五年基本实现国防和军队现代化，到本世纪中叶把人民军队全面建成世界一流军队。"[1]

党的十九大后，中央军委带领全军按照"坚持走中国特色强军之路，全面推进国防和军队现代化"这一重大部署，以习近平新时代中国特色社会主义思想为行动指南，全面贯彻习近平强军思想，坚定不移沿着中国特色强军之路砥砺前行。主要体现在：毫不动摇坚持党对人民军队的绝对领导；把握前进方向，实现党在新时代的强军目标、全面建成世界一流军队；聚焦核心职能，着力锻造能打仗打胜仗的精兵劲旅；贯彻基本方略，坚持政治建军、改革强军、科技强军、人才强军、依法治军；扎实推进军民融合深度发展；永葆初心本色，自觉践行全心全意为人民服务的根本宗旨；最大限度汇聚强国强军的磅礴力量等。

2022年召开的党的二十大强调，坚持走中国特色强军之路，全面推进国防和军队现代化，必须贯彻习近平强军思想，贯彻新时代军事战略方针，有效履行新时代人民军队使命任务。[2]

二、贯彻新时代政治建军方略

注重政治建军是中国共产党的优良传统，也是中国人民军队区别于其他军队的显著标志。1929年，毛泽东同志在古田会议上就提出中国的红军是一个执行党的政治任务的武装集团，军队必须绝对服从党的领导。新时代国防和军队建设全面实施政治建军方略，强调政治建军是人民军队的立军之本。

2014年10月30日～11月2日，在福建省上杭县古田镇召开了全军政治工作会议。这是新世纪举行的第一次全军政治工作会议。习近平主席在会上强调，军队政治工作只能加强不能削弱，只能前进不能停滞，只能积极作为不能

1　习近平.决胜全面建成小康社会　夺取新时代中国特色社会主义伟大胜利——在中国共产党第十九次全国代表大会上的报告.新华社，2017-10-27.

2　习近平.高举中国特色社会主义伟大旗帜　为全面建设社会主义现代化国家而团结奋斗——在中国共产党第二十次全国代表大会上的报告.北京：人民出版社，2022：55.

被动应对；强调军队政治工作的时代主题是，紧紧围绕实现中华民族伟大复兴的中国梦，为实现党在新形势下的强军目标提供坚强政治保证；强调加强和改进新形势下我军政治工作，当前最紧要的是把 4 个带根本性的东西立起来：把理想信念在全军牢固立起来，把党性原则在全军牢固立起来，把战斗力标准在全军牢固立起来，把政治工作威信在全军牢固立起来；强调加强和改进新形势下我军政治工作，当前要重点抓好以下 5 个方面：着力抓好铸牢军魂工作，着力抓好高中级干部管理，着力抓好作风建设和反腐败斗争，着力抓好战斗精神培育，着力抓好政治工作创新发展；强调全军必须坚持以马克思列宁主义、毛泽东思想、邓小平理论、"三个代表"重要思想、科学发展观为指导，贯彻党中央关于全面推进依法治国和从严治党的部署要求，贯彻依法治军、从严治军方针，紧紧围绕我军政治工作的时代主题，加强和改进新形势下我军政治工作，充分发挥政治工作对强军兴军的生命线作用。[1] 这次会议极端重要，对新时代政治建军作出部署，恢复和发扬我党我军光荣传统和优良作风，以整风精神推进政治整训，开启思想建党、政治建军新征程。12 月，党中央转发《关于新形势下军队政治工作若干问题的决定》。2015 年 2 月，中央军委制定《贯彻落实全军政治工作会议精神总体部署方案》，向全军下达落实政治建军方略的总规划、任务书。这都推动了政治建军方略的有效实施。

党对军队的绝对领导是我军的军魂和命根子，永远不能变，永远不能丢。习近平主席在古田主持召开全军政治工作会议时强调"坚持党对军队绝对领导是强军之魂，铸牢军魂是我军政治工作的核心任务，任何时候都不能动摇"。党的十九大把"坚持党对人民军队的绝对领导"确定为新时代坚持和发展中国特色社会主义的一条基本方略。大会通过的新修改的党章，明确中国共产党坚持对人民解放军和其他人民武装力量的绝对领导，把中央军事委员会实行主席负责制这一领导体制在党章中确立下来。2018 年 8 月召开的中央军委党的建设会议，对全面加强新时代我军党的领导和党的建设工作作出全面部署。中央军委先后印发《关于贯彻落实军委主席负责制建立和完善相关工作机制的意见》

---

[1] 曹智，李宣良. 全军政治工作会议在古田召开　习近平出席会议并发表重要讲话. 新华社，2014-11-01.

《关于全面深入贯彻军委主席负责制的意见》，作出一系列部署安排。[1] 2021 年 2 月，新修订的《军队政治工作条例》颁布施行，条例要求全面深入贯彻军委主席负责制，确保绝对忠诚、绝对纯洁。这一系列重大举措，确保了党对军队的绝对领导。

针对一段时间内军队特别是领导干部在理想信念、党性原则、革命精神、组织纪律、思想作风等方面存在的突出问题，中央军委大抓军队党风廉政建设，以雷霆之势反腐惩恶，特别是坚决查处郭伯雄、徐才厚、房峰辉、张阳等人严重违纪违法案件并彻底肃清其流毒影响，推动人民军队政治生态根本好转。习近平主席高度重视加强军队作风建设，以身作则、以上率下，领导推动全军各级深入抓好中央八项规定和军委十项规定落实，扎实开展学习教育整顿，军队作风为之一新。

三、深化国防和军队改革

深化国防和军队改革，是实现中国梦、强军梦的时代要求，是强军兴军的必由之路，也是决定军队未来的关键一招。

党的十八大以来，党提出改革强军战略，领导开展中华人民共和国成立以来最为广泛、最为深刻的国防和军队改革。2013 年 11 月，党的十八届三中全会在北京举行。全会通过了《中共中央关于全面深化改革若干重大问题的决定》，在这个决定中，把深化国防和军队改革列为全面深化改革的任务。决定强调："紧紧围绕建设一支听党指挥、能打胜仗、作风优良的人民军队这一党在新形势下的强军目标，着力解决制约国防和军队建设发展的突出矛盾和问题，创新发展军事理论，加强军事战略指导，完善新时期军事战略方针，构建中国特色现代军事力量体系。"将国防和军队改革作为单独一部分写入全会决定，这在中央全会历史上还是第一次。2014 年 3 月 15 日，中央军委深化国防和军队改革领导小组正式成立，习近平主席担任组长，范长龙、许其亮担任副组长。同一天，召开领导小组第一次会议。会议审议通过了改革重要举措分工

---

1 李宣良，梅世雄，梅常伟等. 沿着中国特色强军之路阔步前进——党中央、中央军委领导推进国防和军队建设 70 年纪实. 新华社，2019-09-28.

方案和改革工作路线图。深化国防和军队改革的指挥部正式成立，改革工作进入实质性推进阶段。习近平主席要求领导小组要履职尽责，对改革工作实施坚强领导。要强化集中统一领导，搞好总体设计、统筹协调、整体推进、督导落实，确保各项改革工作统一谋划、统一部署、统一推进、统一实施。要坚持科学议事决策，坚持走群众路线，充分发扬民主，广泛听取各方面意见。围绕改什么、怎么改，军委领导、各改革工作机构、军委改革办展开高强度、高密度、大范围的调研。仅从 2014 年 3 月到 10 月，就召开 800 余次座谈会、论证会，覆盖 690 余个军地单位；听取 900 多名在职和退休军地领导、专家的意见，梳理对 2165 名军以上单位班子成员和师旅级部队主官的问卷调查，收到 3400 余条部队官兵意见，改革方案前后历经 150 多次调整、修改和完善。[1] 2015 年 1 月 27 日，习近平主席主持召开军委改革领导小组第二次全体会议，对拟制改革方案作出部署。7 月 14 日，习近平主席主持召开军委改革领导小组第三次全体会议，审议并原则通过《深化国防和军队改革总体方案建议》。7 月 22、29 日，习近平主席分别主持召开中央军委常务会议和中央政治局常委会会议，审议和审定改革总体方案。10 月 16 日，再次主持中央军委常务会议，审议通过《领导指挥体制改革实施方案》。11 月 14 ～ 26 日，中央军委改革工作会议召开，习近平发出打赢深化国防和军队改革攻坚战的动员令。[2] 随后，中央军委印发《关于深化国防和军队改革的意见》，明确了改革的指导思想、基本原则和总体目标，绘制了改革的路线图和时间表，部署了领导管理体制、联合作战指挥体制、军队规模结构、部队编成、新型军事人才培养、政策制度、军民融合发展、武装警察部队指挥管理体制和力量结构、军事法治体系等改革主要任务。

2015 年年底开始，领导指挥体制改革率先展开。2016 年 2 月 29 日起，全军按新的领导指挥体制进行。经过调整组建，军委机关由原来的总参谋部、总政治部、总后勤部、总装备部等 4 个总部，改为 7 个部（厅）、3 个委员会、5 个直属机构共 15 个职能部门，即军委办公厅、军委联合参谋部、军委政治工作部、军委后勤保障部、军委装备发展部、军委训练管理部、军委国防动员

1 曹智，李宣良，孙彦新等. 改革强军 奋楫中流——习主席和中央军委运筹设计深化国防和军队改革纪实. 新华社，2015-12-30.
2 当代中国研究所. 新时代这十年（2012—2022）. 北京：人民出版社，2023：285.

部、军委纪律检查委员会、军委政法委员会、军委科学技术委员会、军委战略规划办公室、军委改革和编制办公室、军委国际军事合作办公室、军委审计署、军委机关事务管理总局。

2015 年 12 月 31 日，中国人民解放军陆军领导机构、中国人民解放军火箭军、中国人民解放军战略支援部队成立大会在北京八一大楼隆重举行，习近平主席向陆军、火箭军、战略支援部队授予军旗并致训词。七大军区调整为五大战区。2016 年 1 月 16 日零时，沈阳、北京、兰州、济南、南京、广州、成都，七大军区停止行使指挥权。东部、南部、西部、北部、中部，五大战区开始运转。2 月 1 日，习近平主席亲自向五大战区授予军旗并发布训令，开启了人民解放军联合作战体系建设的新篇章。人民解放军陆军 18 个集团军番号撤销，精简为 13 个集团军。2016 年，中央军委联勤保障部队成立，即武汉联勤保障基地，无锡、桂林、西宁、沈阳、郑州联勤保障中心。9 月 13 日，中央军委联勤保障部队成立大会在北京八一大楼隆重举行，习近平主席向武汉联勤保障基地和无锡、桂林、西宁、沈阳、郑州联勤保障中心授予军旗并致训词，代表党中央和中央军委向联勤保障部队全体指战员致以热烈的祝贺。

改革中，我们形成"中央军委—战区—部队"作战指挥系统、"中央军委—军种—部队"领导管理系统，推进实施军队规模结构和力量编成改革，着力压减陆军规模，军队现役总员额由 230 万减至 200 万；优化各军兵种内部力量结构，优化部队编成和布局，陆军原 18 个集团军整合重组为 13 个集团军，在主要作战部队实行"军—旅—营"体制，调整组建了一批新型作战力量。截至党的十九大前，国防和军队改革取得历史性突破，形成了军委管总、战区主战、军种主建的新格局。

党的十九大召开后，军队改革日益深入。例如，文职人员制度改革迈出坚实步伐。2017 年 9 月，新修订的《中国人民解放军文职人员条例》公布实施。2018 年 7 月，全军部署展开深化国防和军队改革以来全军首次面向社会公开招考文职人员工作，全国报名人数持续攀升，大批服务部队急需、聚焦备战打仗的文职人员走进绿色方阵。11 月 13～14 日，中央军委政策制度改革工作会议举行。习近平主席强调，军事政策制度调节军事关系、规范军事实践、保障军事发展，军事政策制度改革对实现党在新时代的强军目标、把人民军队全面建成世界一流军队，对实现"两个一百年"奋斗目标、实现中华民族伟大复兴的中国梦具有重大意义。[1]

四、坚持科技强军、人才强军、依法治军

科技是核心战斗力，是军事发展中最活跃、最具革命性的因素。党的十八大以来，面对世界新军事革命，全面实施科技强军战略，建设创新型人民军队，建设强大的现代化后勤，国防科技和武器装备建设取得重大进展。

武器装备领域的大国重器研发成果尤其突出，从一系列新型空空、空地、地空导弹，到先进战略导弹、巡航导弹；从新一代武装直升机、新型主战坦克，到北斗卫星导航系统、指挥自动化系统、战术软件等一大批信息化程度高、具备世界先进水平的武器装备列装部队。仅 2016 年，海军就有湘潭舰、保定舰、菏泽舰、银川舰等 20 余艘新型舰艇加入战斗序列。2017 年 4 月 26 日，我国第二艘航空母舰山东舰出坞下水。同年，万吨级导弹驱逐舰 055 型首舰下水。空军首次飞越对马海峡、成体系"绕岛巡航"、奔袭数千千米演练岛礁空投，南海巡航常态化、体系化、实战化，海军三大舰队东海实弹过招。歼－20、运－20 列装部队后开展编队训练。2015 年 9 月 3 日，在北京天安门广场举行的纪念中国人民抗日战争暨世界反法西斯战争胜利 70 周年的盛大阅兵式上，受阅的 500 余台各型装备编成地面突击、防空反导、海上攻击、战略打击、信息支援、后装保障 6 个模块，体现了信息化战争的联合性特点和人民解放军保卫祖国安全、人民安宁生活的能力。这些装备全部为国产现役主战装备，84% 是首次亮相。[2] 这充分展示了中国国防和军队现代化建设的辉煌成就。

2017 年 7 月 30 日，庆祝中国人民解放军建军 90 周年阅兵在朱日和联合训练基地隆重举行。34 个地面方队和空中梯队，组成陆上作战群、信息作战群、特种作战群、防空反导作战群、海上作战群、空中作战群、综合保障群、反恐维稳群、战略打击群 9 个作战群，按作战编组依次通过检阅台。这次阅兵，近一

1　习近平 . 习近平谈治国理政 . 第三卷 . 北京：外文出版社，2020：387.

2　纪念中国人民抗日战争暨世界反法西斯战争胜利 70 周年大会在京隆重举行 . 解放军报，2015-09-04（1）.

2015年9月3日，中国人民抗日战争暨世界反法西斯战争胜利70周年纪念大会在北京举行

半受阅装备为首次亮相，集中体现了中国国防和军队现代化建设的最新成就。

2018年4月12日，中华人民共和国历史上规模最大的海上阅兵在南海海域隆重举行，人民海军48艘战舰、76架战机，10000余名官兵组成战略打击、水下攻击、远海作战、航母打击、两栖登陆、近海防御、综合保障等7个作战群，以排山倒海之势破浪驶来。受阅飞机组成舰载直升机、反潜巡逻作战、预警指挥、远海作战、对海突击、远距支援掩护、制空作战等10个空中梯队，在受阅舰艇编队上方凌空飞过。水下蓝鲸潜行，海面战舰驰骋，天上银鹰翱翔，汇成一部雄浑的海天交响曲。这次海上阅兵，辽宁舰航母编队精彩亮相，一大批新型潜艇、水面舰艇、作战飞机集中展示，党的十八大后列装舰艇占受阅舰艇一半以上，再次展现了科技强军的成效。

2018年5月16日，习近平主席在视察军事科学院时指出："要坚持自主创新的战略基点，坚定不移加快自主创新步伐，尽早实现核心技术突破。要坚持聚焦实战，抓好科技创新成果转化运用，使科技创新更好为战斗力建设服务。"[1]

2020年7月30日，习近平在中央政治局第二十二次集体学习时强调，要坚持自主创新战略基点，加强基础研究和原始创新，加快突破关键核心技术，加快发展战略性、前沿性、颠覆性技术，加快实施国防科技和武器装备重大战

1　李宣良，王逸涛．习近平视察军事科学院．新华社，2018-05-16.

2017 年 7 月 30 日，庆祝中国人民解放军建军 90 周年阅兵在朱日和联合训练基地举行

略工程，不断提高我军建设科技含量。至 2020 年 11 月，军队已基本实现机械化，信息化建设取得重大案展。[1] 2021 年 3 月 9 日，习近平在出席解放军和武警部队代表团全体会议时指出，要强化创新驱动，以更大力度、更实举措加快科技自立自强，充分发挥科技对我军建设战略支撑作用[2]。2022 年 6 月，我国第三艘航空母舰福建舰出坞下水。福建舰是我国完全自主设计建造的首艘弹射型航空母舰，采用平直通长飞行甲板，配置电磁弹射和阻拦装置，满载排水量 8 万余吨。这也是科技强军的一大壮举。

实施人才强军战略。人才强则事业强，人才兴则军队兴。党的十八大以来，习近平主席高度重视国防和军队人才工作，亲自关怀、亲自谋划、亲自部署、亲自推动，就深入实施新时代人才强军战略，作出一系列重要论述和指示批示，提出一系列新理念新战略新举措，体现了为党的事业、军队未来培养合格接班人的深谋远虑，彰显了推进强军事业的坚定意志和历史担当。2020 年

1 当代中国研究所. 新时代这十年（2012—2022）. 北京：人民出版社，2023：292.

2 李宣良，梅世雄. 习近平在出席解放军和武警部队代表团全体会议时强调 实现"十四五"时期国防和军队建设良好开局 以优异成绩迎接中国共产党党 100 周年. 新华社，2021-03-09.

9月，中央军委印发《关于加快推进三位一体新型军事人才培养体系建设的决定》，着力加快培养大批德才兼备、专业化新型军事人才。在2021年11月召开的中央军委人才工作会议上，习近平主席深刻指出，实施新时代人才强军战略，必须把党对军队绝对领导贯彻到人才工作各方面和全过程，必须把能打仗、打胜仗作为人才工作出发点和落脚点，必须面向世界军事前沿、面向国家安全重大需求、面向国防和军队现代化，必须全方位培养用好人才，必须深化军事人力资源政策制度改革，必须贯彻人才强国战略。[1]"六个必须"是一个系统完整的科学体系，相互贯通、相辅相成，哪一个都不能偏废。为进一步加强军队人才工作，2022年1月中央军委印发《关于加强新时代军队人才工作的决定》，强调加强新时代军队人才工作，实施新时代人才强军战略，必须以习近平新时代中国特色社会主义思想为指导，贯彻习近平强军思想，贯彻新时代军事战略方针，贯彻国防和军队现代化战略安排，聚焦实现建军一百年奋斗目标，推动军事人员能力素质、结构布局、开发管理全面转型升级，锻造德才兼备的高素质、专业化新型军事人才，确保军事人员现代化取得重大进展，关键领域人才发展取得重大突破。中央军委人才工作会议的召开及《关于加强新时代军队人才工作的决定》的颁布，都为新阶段的军队人才工作注入强大动力。

军事科研教学向纵深推进。党的十八大以来，人民解放军重新调整组建军事科学院，形成以军事科学院为龙头、军兵种研究院为骨干、院校和部队科研力量为辅助的科研力量布局。2017年7月19日，新调整组建的军事科学院、国防大学、国防科技大学成立大会暨军队院校、科研机构、训练机构主要领导座谈会举行。习近平主席向军事科学院、国防大学、国防科技大学授军旗、致训词，出席座谈会并发表重要讲话。习近平在讲话中指出，调整组建新的军事科学院、国防大学、国防科技大学，是党中央和中央军委着眼实现中国梦强军梦作出的重大决策，是推进改革强军、构建我军新型军事人才培养体系和军事科研体系的战略举措，必将对加快推进国防和军队现代化、把我军建设成为世界一流军队产生重大而深远的影响。他强调，把我军建设成为世界一流军队必须有一流军事人才、一流军事理论、一流军事科技。科技是现代战争的核心战

——————
1　梅常伟.聚焦实现建军一百年奋斗目标　深入实施新时代人才强军战略.人民日报，2021-11-29（01）

斗力。我们要赢得军事竞争主动，必须下更大气力推进科技兴军，坚持向科技创新要战斗力，依靠科技进步和创新把我军建设模式和战斗力生成模式转到创新驱动发展的轨道上来。我军院校、科研机构、训练机构是推进科技兴军的骨干力量，地位重要、使命光荣，必须勇担重任、走在前列。[1] 经过改革，全军和武警部队院校由 77 所调整为 43 所，构建起以联合作战院校为核心，以兵种专业院校为基础，以军民融合培养为补充的院校布局，军队院校教育、部队训练实践、军事职业教育三位一体新型军事人才培养体系正在形成。[2]

同时，坚持不懈用党的创新理论铸魂育人，构建新时代人民军队思想政治教育体系，传承红色基因，繁荣发展强军文化，培养有灵魂、有本事、有血性、有品德的新时代革命军人，锻造具有铁一般信仰、铁一般信念、铁一般纪律、铁一般担当的过硬部队[3]。还确立了新时代军事教育方针，明确了军队好干部标准。

坚持依法治军、从严治军。2012 年 12 月 10 日，习近平主席首次到基层部队视察时，就提出"依法治军、从严治军是强军之基"。2014 年 10 月，党的十八届四中全会把依法治军和从严治军纳入全面依法治国的总体布局。12月，习近平主席在中央军委扩大会议上强调，依法治军、从严治军是党建军治军的基本方略[4]。2015 年 2 月，习近平主席亲自审定的《关于新形势下深入推进依法治军从严治军的决定》印发全军。决定强调全面贯彻依法治军、从严治军方针，改进治军方式，实现从单纯依靠行政命令的做法向依法行政的根本性转变，从单纯靠习惯和经验开展工作的方式向依靠法规和制度开展工作的根本性转变，从突击式、运动式抓工作的方式向按条令条例办事的根本性转变。2017年 12 月 5 日，军委纪委、军委政法委联合下发《关于深入贯彻党的十九大精神以严格执纪执法推动全面从严治党和依法治军落实的通知》，把严格执纪执法的标准立起来、底线划出来，覆盖到全军官兵、所有离退休人员和其他部队管理人员。同时，密集出台人民军队建设各个领域的法规制度。例如，在已经

1　曹智.习近平向军事科学院　国防大学　国防科技大学授军旗　致训词.新华社，2017-07-19.

2　卢晓琳.聚焦打赢，强体催生新战力.人民日报，2017-10-15（08）.

3　中共中央宣传部.习近平新时代中国特色社会主义思想学习纲要（2023 年版）.北京：学习出版社，2023：252.

4　本书编写组.中国共产党简史.北京：人民出版社、中共党史出版社，2021：436.

颁布实施《中华人民共和国国防法》《中华人民共和国兵役法》的基础上，出台《中国人民解放军内务条令（试行）》《中国人民解放军纪律条令（试行）》《中国人民解放军队列条令（试行）》等，特别是围绕依法治官、依法治权的制度法规，如《严格军队党员领导干部纪律约束的若干规定》《厉行节约严格经费管理的规定》《关于加强军队基层风气建设的意见》陆续实施。推进健全军事法规制度体系和军事法律顾问制度，改革军事司法体制机制，创新纪检监察体制和巡视制度，完善审计体制机制，改进军事法律人才管理制度，建立健全组织法制和程序规则，全面提高了国防和军队建设法治化水平。

党的十八大以来，人民军队紧紧扭住战斗力这个唯一的根本的标准，扭住能打仗、打胜仗这个根本指向，壮大战略力量和新域新质作战力量，加强联合作战指挥体系和能力建设，加强联合作战指挥体系和能力建设，大力纠治"和平积弊"，大抓实战化军事训练，建设强大稳固的现代边海空防，坚定灵活开展军事斗争，有效应对外部军事挑衅，震慑"台独"分裂行径，遂行边防斗争、海上维权、反恐维稳、抢险救灾、抗击疫情、维和护航、人道主义救援和国际军事合作等重大任务。在党的坚强领导下，人民军队实现整体性革命性重塑、重整行装再出发，国防实力和经济实力同步提升，一体化国家战略体系和能力加快构建，建立健全退役军人管理保障体制，国防动员更加高效，军政军民团结更加巩固。人民军队坚决履行新时代使命任务，以顽强斗争精神和实际行动捍卫了国家主权、安全、发展利益。[1]

2022年10月，党的二十大就实现建军100年奋斗目标、开创国防和军队现代化新局面作出了新的部署，强调"如期实现建军一百年奋斗目标，加快把人民军队建成世界一流军队，是全面建设社会主义现代化国家的战略要求。必须贯彻新时代党的强军思想，贯彻新时代军事战略方针，坚持党对人民军队的绝对领导，坚持政治建军、改革强军、科技强军、人才强军、依法治军，坚持边斗争、边备战、边建设，坚持机械化信息化智能化融合发展，加快军事理论现代化、军队组织形态现代化、军事人员现代化、武器装备现代化，提高捍卫

---

1 中共中央. 中共中央关于党的百年奋斗重大成就和历史经验的决议. 北京：人民出版社，2021：54-55.

2010 年 11 月 2 日，中国海军第七批护航编队在舟山某军港起航，赴亚丁湾、索马里海域执行护航任务

国家主权、安全、发展利益战略能力，有效履行新时代人民军队使命任务。"[1]

2023 年 7 月 24 日，中共中央政治局就全面加强军事治理进行第七次集体学习。中共中央总书记习近平在主持学习时强调，全面加强军事治理是我们党治军理念和方式的一场深刻变革，是加快国防和军队现代化的战略要求，是推进国家治理体系和治理能力现代化的重要方面。要全面贯彻党的二十大精神，深入贯彻新时代强军思想，贯彻新时代军事战略方针，坚持党对军队绝对领导，坚持战斗力这个唯一的根本的标准，坚持和完善中国特色社会主义军事制度，构建现代军事治理体系，提高现代军事治理能力，以高水平治理推动我军高质量发展，为实现建军一百年奋斗目标提供有力保障。[2] 这些重大部署和重要论述，为新时代我国国防和军队现代化建设提供了前进路径，明确了前进方向。

在习近平强军思想指引下，人民军队正在向着实现党在新时代的强军目标、全面建成世界一流军队阔步迈进，正在为把人民军队全面建成世界一流军队而努力奋斗！

1　习近平. 高举中国特色社会主义伟大旗帜　为全面建设社会主义现代化国家而团结奋斗——在中国共产党第二十次全国代表大会上的报告. 北京：人民出版社，2022：55.

2　习近平在中共中央政治局第七次集体学习时强调：全面加强军事治理　以高水平治理推动我军高质量发展. 新华社，2023-07-25.

第八章

坚持"一国两制",推进祖国统一

实现祖国统一是人心所向、大势所趋。党的十八大以来,以习近平同志为核心的党中央引领 14 亿人民万众一心、砥砺奋进,在实现中华民族伟大复兴中国梦的征程上,不断取得新的胜利。作为中国特色社会主义重要组成部分的"一国两制"事业,也在冲破重重阻力中不断取得新成就和新进步。

一、有序推进香港、澳门持续繁荣稳定

全面准确贯彻"一国两制"方针,牢牢掌握宪法和基本法赋予的中央对香港、澳门全面管治权,深化内地和港澳地区交流合作,保持香港、澳门繁荣稳定成为香港、澳门发展的主线。

香港特别行政区充分发挥"一国两制"制度优势,保持繁荣稳定,各项事业全面发展,被公认为全球最具竞争力的地区之一和最自由经济体。澳门保持稳定繁荣,持续发展。这一切,离不开以习近平同志为核心的党中央执行"一国两制"方针的坚定决心和信心,离不开中央政府的关怀和支持。

全面准确贯彻"一国两制"方针。党的十八大强调,中央政府对香港、澳门实行的各项方针政策,根本宗旨是维护国家主权、安全、发展利益,保持香港、澳门长期繁荣稳定。全面准确贯彻"一国两制"、"港人治港""澳人治澳"、高度自治的方针,必须把坚持一国原则和尊重两制差异、维护中央权力和保障特别行政区高度自治权、发挥祖国内地坚强后盾作用和提高港澳自身竞争力有机结合起来,任何时候都不能偏废。2014 年 10 月 23 日,党的十八届四中全会审议通过《中共中央关于全面推进依法治国若干重大问题的决定》,在"加强和改进党对全面推进依法治国的领导"章节中提出,依法保障"一国两制"实践和推进祖国统一。11 月 9 日,中共中央总书记、国家主席习近平在北

京人民大会堂会见来京出席亚太经合组织第二十二次领导人非正式会议的香港特区行政长官梁振英，指出："中国共产党十八届四中全会提出了全面推进依法治国总目标，强调依法保障'一国两制'实践，保持香港、澳门长期繁荣稳定，依法保护港澳同胞利益。这是我国推进国家治理体系和治理能力现代化迈出的重要一步，对全面准确贯彻'一国两制'方针和基本法、促进香港长治久安具有重要意义。"在依法治港方针指导下，中央政府坚定支持香港特区政府依法施政，多次肯定特区政府在遏制"港独"、依法处置街头暴力活动等重大问题上严格按照香港特别行政区基本法、全国人大常委会有关决定和特别行政区法律办事。2016年11月7日，针对香港立法会选举及个别候任议员在宣誓时宣扬"港独"主张，侮辱国家、民族引发的问题，全国人大常委会对基本法第104条作出解释，明确了参选和宣誓就任特别行政区法定职务的法定条件和要求。党的十八大以来，习近平总书记多次强调，中央政府将继续坚定不移贯彻"一国两制"方针和基本法，坚定不移支持香港依法推进民主发展；希望特别行政区政府继续依法妥善处理香港政治制度发展问题。2014年8月31日，十二届全国人大常委会第十次会议表决通过关于香港特别行政区行政长官普选问题和2016年立法会产生办法的决定。这是本着对国家、对香港高度负责的精神，在香港民主制度发展的重要时刻作出的一项重大决定。

中央政府继续高度关注香港的健康发展。2012年12月，刚刚当选中共中央总书记的习近平首次离京考察，第一站选择了深圳。8日上午，他来到莲花山公园，瞻仰邓小平同志铜像并敬献花篮。当他步行下山时，有香港记者问："习总书记，有没有话要对香港同胞讲？"习近平总书记清晰有力地回答："香港一定会繁荣昌盛的！"[1]党的十八大以来，习近平总书记多次会见香港特别行政区行政长官梁振英和林郑月娥。2013年10月6日，习近平在会见梁振英时指出："中央政府支持香港经济繁荣和社会稳定的立场是一贯的、也是坚定不移的。希望特别行政区政府继续坚持依法施政，抓好发展经济、改善民生工作。"2015年12月23日，习近平会见来京述职的梁振英时指出，当前，谋发展、保稳定、促和谐是香港广大市民的共同愿望，也是特别行政区的主要任

1　赵博，石龙洪.殷殷关怀暖香江　高瞻远瞩展未来——党的十八大以来以习近平同志为核心的党中央关心香港发展纪实.新华社，2017-06-28.

维多利亚港两岸的香港景色（图片摄于 2017 年 5 月 31 日）

务。希望特别行政区政府团结社会各界，稳健施政，维护香港社会政治的稳定；抓住国家发展进入"十三五"时期的机遇，发展经济，改善民生；积极谋划长远发展，为"一国两制"的成功实践和香港的长期繁荣稳定打下坚实基础。[1] 党的十八大以来，在以习近平同志为核心的党中央亲切关怀下，中央政府接连出台了一系列惠港政策，为香港带来实实在在的发展机遇和无比广阔的发展空间，成为保持香港长期繁荣稳定的有力保障。《内地与香港关于建立更紧密经贸关系的安排》是内地全面实施并接受世贸组织审议的最早的自由贸易协议之一，也是香港签署的第一个自贸协议。在内地已对香港全面实现货物贸易自由化的基础上，2015 年 11 月 27 日，旨在实现内地与香港服务贸易自由化的《内地与香港 CEPA 服务贸易协议》顺利签署，进一步确保香港始终享受内地最优惠的开放措施。在香港最具竞争力的金融领域，得益于中央政府的大力支持，跨境人民币业务蒸蒸日上，全球最大离岸人民币业务中心的地位岿然不动。2016 年的全国两会，在《国民经济和社会发展第十三个五年规划纲要（草案）》里，再次单独成章的港澳部分针对香港增添了支持发展创新及科技事业、建设亚太区国际法律及解决争议服务中心等全新表述。2017 年，在全国两会《政府工作报告》中提出要研究制定粤港澳大湾区城市群发展规划，这一消息再次振奋人心。为确保香港持续繁荣稳定，2020 年 5 月举行的十三届全国人大

---

1 赵博.习近平会见来京述职的梁振英.人民日报，2015-12-24（01）.

三次会议审议通过了《全国人民代表大会关于建立健全香港特别行政区维护国家安全的法律制度和执行机制的决定》。这就从整个国家层面，为排除外界干扰、保持香港稳定提供了法律支撑，将有利于维护香港来之不易的发展大局。

港澳保持经济繁荣和社会稳定，是符合各方利益，尤其是符合港澳同胞利益的。香港有超过150家持牌银行，银行业对外交易量超过2.3万亿美元，在全球排名第六；全球前100家银行中，超过70家在香港经营业务；香港有1900多家上市公司，资本市值总额约26万亿港元，每日平均总成交金额达600多亿港元。2016年，香港首次上市集资活动总额达1950亿港元，蝉联全球第一。[1] 从2014年起陆续推出的"沪港通""深港通"以及2017年5月获批的"债券通"，有力促进了两地资本市场互联互通、共创双赢。这期间，大陆同胞"个人游"试点城市逐步扩大，香港居民在内地开办个体工商户及香港专业人士北上执业获得许可，东深供水工程得到全力保障。2017年，香港特别行政区行政长官梁振英在任内最后一份施政报告里提到，中国在全球经济的倡导作用和主导地位越来越明显，香港"一国"和"两制"的双重优势和"超级联系人"作用越来越突出。在国家"十三五"规划和"一带一路"倡议下，香港本着"国家所需、香港所长"原则，机遇无限。[2]

澳门抓住祖国内地加入世界贸易组织、《内地与澳门关于建立更紧密经贸关系的安排》签署、《泛珠三角区域合作框架协议》签署和中国内地部分省市开放对澳门的"个人游""自由行"，以及国家"十一五"规划、"十二五"规划等将澳门纳入国家整体性发展的战略视域等机遇，乘经济全球化和祖国内地经济全面崛起的大势，走出了一条继续保持作为祖国内地对外开放的"窗口""世界旅游休闲中心""国际化的区域性经济贸易服务平台"的经济建设新路，不断丰富和深化"一国两制"这一理论创新与实践创新的具体内容，向全国人民、向全世界证明了"一国两制"科学构想充满生命力。

回归祖国后，澳门的"世界旅游休闲中心"和"国际化的区域性经济贸易

1　温红彦，王尧，孙立极，等.东风浩荡　春满香江——写在香港回归祖国20周年之际.人民日报，2017-06-25（03）.

2　赵博，石龙洪.殷殷关怀暖香江　高瞻远瞩展未来——党的十八大以来以习近平同志为核心的党中央关心香港发展纪实.新华社，2017-06-28.

澳门西湾湖一带景色（图片摄于 2019 年 7 月 1 日）

服务平台"的优势地位逐步显现。不仅维护了澳门经济发展和经济繁荣的大局，也为澳门经济进一步发展奠定了比较扎实的基础，使具有澳门特色的"一国两制"在实践探索中逐步成型、成熟。澳门正继续与祖国一道共同进步、共同发展。

香港、澳门回归祖国的事实证明，"一国两制"是解决历史遗留的香港、澳门问题的最佳方案，也是香港、澳门回归后保持长期繁荣稳定的最佳制度和根本保证。香港、澳门回归祖国以来，"一国两制"实践取得举世公认的成功。党的十九大进一步筹划了香港、澳门的愿景和中国共产党对香港、澳门发展的期望。习近平总书记指出，香港、澳门发展同内地发展紧密相连。要支持香港、澳门融入国家发展大局，以粤港澳大湾区建设、粤港澳合作、泛珠三角区域合作等为重点，全面推进内地同香港、澳门互利合作，制定完善便利香港、澳门居民在内地发展的政策措施。我们坚持爱国者为主体的"港人治港""澳人治澳"，发展壮大爱国爱港爱澳力量，增强香港、澳门同胞的国家意识和爱国精神，让香港、澳门同胞同祖国人民共担民族复兴的历史责任、共享祖国繁荣富强的伟大荣光。

党的十九大之后，以习近平同志为核心的党中央一如既往关心港澳发展。面对香港局势动荡变化，依照宪法和基本法有效实施对特别行政区的全面管治权，制定实施《中华人民共和国香港特别行政区维护国家安全法》，完善香港特别行政区选举制度，落实"爱国者治港"原则，推动香港局势实现由乱到治的重大转折，深入推进粤港澳大湾区建设，支持香港、澳门发展经济、改善民生、保持稳定。

2022 年召开的党的二十大对港澳发展作出论述，强调要全面准确、坚定不移贯彻"一国两制""港人治港""澳人治澳"、高度自治的方针，坚持依法治港治澳，维护宪法和基本法确定的特别行政区宪制秩序。坚持和完善"一国两制"制度体系，落实中央全面管治权，落实"爱国者治港""爱国者治澳"原则，落实特别行政区维护国家安全的法律制度和执行机制。坚持中央全面管治权和保障特别行政区高度自治权相统一，坚持行政主导，支持行政长官和特别行政区政府依法施政，提升全面治理能力和管治水平，完善特别行政区司法制度和法律体系，保持香港、澳门资本主义制度和生活方式长期不变，促进香港、澳门长期繁荣稳定。报告表示要支持香港、澳门发展经济、改善民生、破解经济社会发展中的深层次矛盾和问题。发挥香港、澳门优势和特点，巩固提升香港、澳门在国际金融、贸易、航运航空、创新科技、文化旅游等领域的地位，深化香港、澳门同各国各地区更加开放、更加密切的交往合作。推进粤港澳大湾区建设，支持香港、澳门更好融入国家发展大局，为实现中华民族伟大复兴更好发挥作用。同时指出，要发展壮大爱国爱港爱澳力量，增强港澳同胞的爱国精神，形成更广泛的国内外支持"一国两制"的统一战线。坚决打击反中乱港乱澳势力，坚决防范和遏制外部势力干预港澳事务。这些重要部署和安排，为港澳的繁荣稳定提供了强大支撑、注入了强大动力。

二、维护台海和平稳定，坚决反对"台独"

党的十八大以来，以习近平同志为核心的党中央站在党和国家事业发展全局和实现中华民族伟大复兴中国梦的战略高度，敏锐洞察国内外形势和台海形势的发展变化，坚持一个中国原则和"九二共识"，推动两岸关系和平发展，加强两岸经济文化交流合作，实现两岸领导人历史性会晤。妥善应对台湾局势变化，坚决反对和遏制"台独"分裂势力，有力维护台海和平稳定。

习近平总书记阐述了关于对台工作的重要思想，主要包括：第一，坚持从中华民族整体利益的高度把握两岸关系大局，高举共圆中国梦的精神旗帜，团结台湾同胞共同致力于中华民族伟大复兴；第二，坚持在发展的基础上解决台湾问题，从党和国家工作全局谋划对台工作；第三，坚持"和平统一、一国两制"方针，促进两岸同胞心灵契合；第四，坚持一个中国原则和"九二共识"，坚定维护两岸关系和平发展的政治基础；第五，坚持两岸关系和平发展的正确道路，扎实推进祖国和平统一进程；第六，坚持持续深化两岸经济社会融合发展，推动构建两岸命运共同体；第七，坚持践行"两岸一家亲"理念，持之以恒做台湾人民工作；第八，坚持反对和遏制"台独"，积极防范化解台海重大风险；第九，坚持把政治建设摆在首位，努力打造高素质对台工作干部队伍。[1]

坚持一个中国原则，是两岸关系改善发展的根本政治基础。1992年11月，中国大陆海峡两岸关系协会（简称海协会）和中国台湾海峡交流基金会（简称海基会）达成坚持一个中国原则的"九二共识"，促成了1993年4月27～29日两会领导人会谈，即海协会会长汪道涵与海基会董事长辜振甫在新加坡举行会谈。汪辜会谈推进了两岸协商谈判，达成《汪辜会谈共同协议》，但由于李登辉及民进党推行"台独"政策，会谈后来中断。2008年5月，在国民党重新上台后，两会互致函电，同意在"九二共识"基础上恢复中断近9年的商谈。2014年2月，国台办与台湾陆委会在此基础上建立起两岸事务主管部门常态化联系沟通机制。6月25日，两岸事务主管部门负责人在台湾桃园举行第二次会面。这标志着两岸事务主管部门建立常态化联系沟通机制。也正是在这一基础上，两岸双方政治互信不断增加，各领域交流合作空前发展，为两岸领导人会面创造了条件。

2015年11月7日，中共中央总书记、国家主席习近平同台湾地区领导人马英九在新加坡会面，就进一步推进两岸关系和平发展交换意见。这是1949

1　中共中央台办理论学习中心组.以习近平总书记对台工作重要思想引领新时代对台工作.求是，2018（6）.

年以来两岸领导人的首次会面。习近平在会见中指出："今天是一个很特别的日子。两岸领导人见面，翻开了两岸关系历史性的一页。历史将会记住今天[1]。"习近平强调，我们今天坐在一起，是为了让历史悲剧不再重演，让两岸关系和平发展成果不得而复失，让两岸同胞继续开创和平安宁的生活，让我们的子孙后代共享美好的未来。面对新形势，站在两岸关系发展的新起点上，两岸双方应该胸怀民族整体利益、紧跟时代前进步伐，携手巩固两岸关系和平发展大格局，共同实现中华民族伟大复兴。习近平就此提出四点意见。第一，坚持两岸共同政治基础不动摇。两岸关系能够实现和平发展，关键在于双方确立了坚持"九二共识"、反对"台独"的共同政治基础。没有这个定海神针，和平发展之舟就会遭遇惊涛骇浪，甚至彻底倾覆。在维护国家主权和领土完整这一原则问题上，我们的意志坚如磐石，态度始终如一。第二，坚持巩固深化两岸关系和平发展。第三，坚持为两岸同胞多谋福祉。两岸一家亲，家和万事兴。第四，坚持同心实现中华民族伟大复兴。实现中华民族伟大复兴，台湾同胞定然不会缺席。马英九表示，2008年以来，两岸共同创造和平稳定的台海局势，获得两岸及国际社会普遍赞扬，要善加珍惜。"九二共识"是实现两岸关系和平发展的共同政治基础，两岸要巩固"九二共识"，扩大深化交流合作，增进互利双赢，拉近两岸心理距离，对外展现两岸关系可以由海峡两岸和平处理，同心协力，为两岸下一代创造更美好的未来。双方肯定2008年以来两岸关系和平发展取得的重要成果。双方认为应该继续坚持"九二共识"，巩固共同政治基础，推动两岸关系和平发展，维护台海和平稳定，加强沟通对话，扩大两岸交流，深化彼此合作，实现互利共赢，造福两岸民众，两岸同胞同属中华民族，都是炎黄子孙，应该携手合作，致力于振兴中华，致力于民族复兴。[2]

中国共产党和中央政府坚持两岸同胞是命运与共的骨肉兄弟，是血浓于水的一家人初衷。秉持"两岸一家亲"的理念，尊重台湾现有的社会制度和台湾同胞生活方式，愿意率先同台湾同胞分享大陆发展的机遇。为台湾同胞着想，不断扩大两岸经济文化交流合作，实现互利互惠，逐步为台湾同胞在大陆学习、创业、就业、生活提供与大陆同胞同等的待遇，增进台湾同胞福祉。2013

1-2 陈斌华，孟娜，王聪.习近平同马英九会面.新华社，2015-11-07.

年 6 月 21 日，海协会与海基会在上海签署《海峡两岸服务贸易协议》。2017 年
5 月，国台办发布了扩大台胞在大陆事业单位就业试点地域、鼓励支持台湾青
年来大陆就业、创业等多项便利台胞在大陆生活、工作的重要措施。

两岸经济合作水平继续提升。2013 年至 2017 年上半年，两岸累计贸易额
达到 8512.3 亿美元，其中 2014 年达到 1983 亿美元，创历史新高；累计新批准
台资项目 12502 个，实际利用台资 87.97 亿美元；大陆核准赴台投资项目 327
个，总金额 20.72 亿美元。建立两岸货币清算机制，台湾银行人民币业务快速
发展，人民币存款达到 3000 多亿元。两岸社会联系更加密切。2013 年至 2017
年上半年，两岸人员往来达到 4096.7 万人次，其中 2015 年达到 985.6 万人次，
创历史新高，比 2012 年增长 188.8 万人次。两岸基层民众交往频繁，仅参加海
峡论坛的台湾基层民众 5 年累计就近 5 万人次。设立两岸青年就业创业基地和
示范点 53 家，吸引 1000 多家台资企业和团队入驻。两岸教育交流合作取得新
进展，文化交流合作形式更加丰富，增强了两岸同胞中华文化情感纽带。两岸
工会、青年、妇女、体育、卫生、宗教、宗亲和民间信仰等各领域、各界别交
流持续热络。[1]

坚决反对"台独"分裂势力及其活动。2016 年 5 月民进党上台后，台湾当
局拒不承认体现一个中国原则的"九二共识"，纵容支持各种形式的"去中国
化""台独"分裂活动，阻碍两岸交流合作，煽动两岸民意对立，企图挟洋自
重，岛内各种分裂势力动作频频、兴风作浪，对两岸关系和平发展构成了严峻
挑战。外部势力也加大了干预、介入力度，台湾局势出现了复杂严峻的局面。
习近平总书明确指出："'台独'损害国家主权和领土完整，煽动两岸同胞敌意
和对立，是台海和平稳定的最大威胁，只会给台湾同胞带来深重祸害。任何政
党、任何人、任何时候、以任何形式进行分裂国家活动，都将遭到全体中国人
民坚决反对。[2]"在党的十九大报告中，习近平总书记进一步指出："我们坚决维
护国家主权和领土完整，绝不容忍国家分裂的历史悲剧重演。一切分裂祖国的
活动都必将遭到全体中国人坚决反对。我们有坚定的意志、充分的信心、足够

---

1 中共中央台湾工作办公室 . 砥砺奋进　克难前行——党的十八大以来对台工作的不平
凡历程 . 求是，2017（20）.

2 陈键兴 . 习近平总书记会见中国国民党主席洪秀柱 . 新华社，2016-11-01.

的能力挫败任何形式的'台独'分裂图谋。我们绝不允许任何人、任何组织、任何政党、在任何时候、以任何形式、把任何一块中国领土从中国分裂出去!"党的二十大报告鲜明指出,台湾是中国的台湾。解决台湾问题是中国人自己的事,要由中国人来决定。我们坚持以最大诚意、尽最大努力争取和平统一的前景,但决不承诺放弃使用武力,保留采取一切必要措施的选项,这针对的是外部势力干涉和极少数"台独"分裂分子及其分裂活动,绝非针对广大台湾同胞。国家统一、民族复兴的历史车轮滚滚向前,祖国完全统一一定要实现,也一定能够实现!这明确宣示了中国人民反对"台独"分裂势力及其活动的坚定决心和坚强意志,也再一次昭告了"台独"必然失败的历史下场。

党的十八大以来对台工作的成功实践充分证明,以习近平同志为核心的党中央对台海形势的分析判断精准、决策部署正确、工作成效显著,中国共产党和中国人民完全有能力有智慧解决好台湾问题。新形势下,中国共产党和中国人民将继续坚决维护一个中国原则,坚决反对"台独",继续团结台湾各党派团体和各界同胞共同维护和推进两岸关系和平发展,持续促进和深化两岸经济社会融合,努力维护台海和平稳定,扎实推进祖国和平统一进程,为实现"两个一百年"奋斗目标和中华民族伟大复兴的中国梦作出新的贡献。

三、祖国统一大业不断推进

党的十九大的召开标志着推动祖国统一工作来到一个新的起点。这次党代会的报告充分肯定了党的十八大以来对台工作取得的新进展,提出了今后一个时期对台工作的指导思想、重要理念、目标任务、原则方针和主要措施,体现了中国共产党对台大政方针一以贯之的坚定性、与时俱进的开创性,集中反映了习近平总书记推进祖国统一大业的新理念新主张新要求,构成了习近平新时代中国特色社会主义思想的重要组成部分,对做好新时期对台工作具有重要指导意义和深远历史意义。

一是党的十九大报告擘画对台政策。报告宣示了对台工作的根本目标和主要任务。报告强调"解决台湾问题、实现祖国完全统一,是全体中华儿女共同愿望,是中华民族根本利益所在"。这一对台工作根本目标的重要宣示,体现了实现中华民族伟大复兴的必然要求，彰显了全体中华儿女追求祖国统一的坚定决心和不可撼动的民族意志。报告明确对台工作的主要任务是继续坚持"和平统一、一国两制"方针，推动两岸关系和平发展，推进祖国和平统一进程。报告阐明了对台工作的基本方针和基本原则。报告强调"必须继续坚持'和平统一、一国两制'方针"。"和平统一、一国两制"是解决台湾问题的基本方针，也是实现国家统一的最佳方式。我们将继续以最大诚意、尽最大努力争取和平统一的前景，因为以和平方式实现统一最符合包括台湾同胞在内的中华民族的整体利益。报告强调"一个中国原则是两岸关系的政治基础。体现一个中国原则的'九二共识'明确界定了两岸关系的根本性质，是确保两岸关系和平发展的关键"。这是总结两岸关系发展历程作出的重要结论，表明了在涉及两岸关系根本性质这一大是大非问题上，任何时候都不会动摇、不会妥协。报告特别指出，"承认'九二共识'的历史事实，认同两岸同属一个中国，两岸双方就能开展对话，协商解决两岸同胞关心的问题，台湾任何政党和团体同大陆交往也不会存在障碍"。这为破解两岸关系政治僵局指明了方向，表明了我们对与台湾各党派交往的态度是开放的、标准是一致的，展现了最大善意。

报告提出了对台工作的重要理念和主要措施。报告强调，两岸同胞是命运与共的骨肉兄弟，是血浓于水的一家人。我们秉持"两岸一家亲"理念，尊重台湾现有的社会制度和台湾同胞生活方式，愿意率先同台湾同胞分享大陆发展的机遇。我们将扩大两岸经济文化交流合作，实现互利互惠，逐步为台湾同胞在大陆学习、创业、就业、生活提供与大陆同胞同等的待遇，增进台湾同胞福祉。我们将推动两岸同胞共同弘扬中华文化，促进心灵契合。

报告表明了反对"台独"分裂图谋的坚定意志和鲜明态度，强调"我们坚决维护国家主权和领土完整，绝不容忍国家分裂的历史悲剧重演。一切分裂祖国的活动都必将遭到全体中国人坚决反对。我们有坚定的意志、充分的信心、足够的能力挫败任何形式的'台独'分裂图谋。我们绝不允许任何人、任何组织、任何政党、在任何时候、以任何形式、把任何一块中国领土从中国分裂出去"。这是我们党对历史对人民的庄严承诺和责任，在关乎国家主权和领土完整的重大原则问题上清晰划出了红线，表达了我们的坚定意志，展现了我们的战略自信。当前，岛内"台独"分裂势力在文化、教育等领域不断推行"去中国化"活动，鼓噪"台独修宪"。我们要高度警惕形形色色的"台独"活动，绝不容忍"法理台独"分裂行径，也绝不坐视"渐进台独"侵蚀和平统一的基础。

报告提出了对包括台湾同胞在内全体中华儿女的殷切期望和伟大号召，强调"实现中华民族伟大复兴，是全体中国人共同的梦想。我们坚信，只要包括港澳台同胞在内的全体中华儿女顺应历史大势、共担民族大义，把民族命运牢牢掌握在自己手中，就一定能够共创中华民族伟大复兴的美好未来"。树立团结凝聚海内外中华儿女共同奋斗的精神旗帜，体现了寄希望于台湾同胞的一贯立场，极大地鼓舞和激励广大台湾同胞参与到维护和推动两岸关系和平发展、实现中华民族伟大复兴进程中来。

习近平总书记在作十九大报告对台工作部分时，庄严的人民大会堂会场连续七次响起经久不息的热烈掌声，这表明习近平总书记阐述的党中央对台大政方针和原则立场，凝聚了全党全国各族人民追求国家统一的共同心愿和反对"台独"分裂的坚定意志，在全体党代表中引起强烈共鸣，得到衷心拥护。

党的二十大报告总结对台工作时指出，我们提出新时代解决台湾问题的总体方略，促进两岸交流合作，坚决反对"台独"分裂行径，坚决反对外部势力干涉，牢牢把握两岸关系主导权和主动权。强调"和平统一、一国两制"方针是实现两岸统一的最佳方式，对两岸同胞和中华民族最有利。我们坚持一个中国原则和"九二共识"，在此基础上，推进同台湾各党派、各界别、各阶层人士就两岸关系和国家统一开展广泛深入协商，共同推动两岸关系和平发展、推进祖国和平统一进程。我们坚持团结广大台湾同胞，坚定支持岛内爱国统一力量，共同把握历史大势，坚守民族大义，坚定反"独"促统。伟大祖国永远是所有爱国统一力量的坚强后盾！

二是推动两岸关系有了一定进展。1979 年元旦，全国人大常委会发表《告台湾同胞书》，郑重宣示争取祖国和平统一的大政方针。这是对台工作和两岸关系进程中具有里程碑意义的大事，揭开了两岸关系发展新的历史篇章。2019年伊始，党中央隆重纪念《告台湾同胞书》发表 40 周年，习近平总书记发表重要讲话。这是一篇指引新时代对台工作的纲领性讲话，对推动两岸关系和平发展、推进祖国和平统一进程具有重大指导意义。

这一重要讲话全面回顾了中华人民共和国成立 70 年来特别是全国人大常委会发表《告台湾同胞书》40 年来两岸关系的发展历程，全面阐述了我们立足新时代、在民族复兴伟大征程中推进祖国和平统一的重大政策主张，深刻昭示了两岸关系发展的历史大势。习近平总书记指出，台湾是中国一部分、两岸同属一个中国的历史和法理事实，是任何人任何势力都无法改变的！两岸同胞都是中国人，血浓于水、守望相助的天然情感和民族认同，是任何人任何势力都无法改变的！台海形势走向和平稳定、两岸关系向前发展的时代潮流，是任何人任何势力都无法阻挡的！国家强大、民族复兴、两岸统一的历史大势，更是任何人任何势力都无法阻挡的！祖国必须统一，也必然统一，这是两岸关系发展历程的历史定论，也是新时代中华民族伟大复兴的必然要求。

这一重要讲话科学回答了在民族复兴新征程中如何推进祖国和平统一的时代命题，郑重宣示了新时代坚持"一国两制"和推进祖国和平统一的五项重大主张：携手推动民族复兴，实现和平统一目标；探索"两制"台湾方案，丰富和平统一实践；坚持一个中国原则，维护和平统一前景；深化两岸融合发展，夯实和平统一基础；实现同胞心灵契合，增进和平统一认同。他郑重倡议，在坚持"九二共识"、反对"台独"的共同政治基础上，两岸各政党、各界别推举代表性人士，就两岸关系和民族未来开展广泛深入的民主协商，就推动两岸关系和平发展达成制度性安排。五项重大主张系统阐释了实现国家统一的目标内涵、基本方针、路径模式，指明了今后一个时期对台工作的基本思路、重点任务和前进方向，既有原则的坚定性，又有极强的针对性和极大的包容性。

这一重要讲话精辟论述了解决台湾问题、实现国家统一与中华民族伟大复兴的辩证关系，深刻揭示了台湾同胞福祉与中华民族伟大复兴的内在联系。习近平总书记指出，台湾前途在于国家统一，台湾同胞福祉系于民族复兴。台湾问题因民族弱乱而产生，必将随着民族复兴而终结。这为两岸同胞指明共同奋斗的目标，具有感召人心的强大精神力量。习近平总书记在讲话中重申，继续率先同台湾同胞分享大陆发展机遇，为台胞台企提供同等待遇，让大家有更多获得感。"亲望亲好，中国人要帮中国人"，讲话中提出的两岸应通尽通的主张，充分体现了对台湾现实情况和社情民意的深入了解，以及对广大台湾同胞的关心关怀。

这一重要讲话宣示了坚决反对"台独"分裂、外来干涉的严正立场,重申中国政府、中国人民维护国家主权和领土完整的坚定决心和强大能力。习近平总书记强调,"统一是历史大势,是正道。'台独'是历史逆流,是绝路。""我们愿意为和平统一创造广阔空间,但绝不为各种形式的'台独'分裂活动留下任何空间。""中国人不打中国人。我们愿意以最大诚意、尽最大努力争取和平统一的前景,因为以和平方式实现统一,对两岸同胞和全民族最有利。我们不承诺放弃使用武力,保留采取一切必要措施的选项,针对的是外部势力干涉和极少数'台独'分裂分子及其分裂活动,绝非针对台湾同胞"。[1]这其实为"台独"势力划出了不可逾越的红线,形成强大震慑。

三是落实促进两岸关系新举措。党的十八大以来,大陆陆续出台一系列便利台湾同胞在大陆学习、创业、就业、生活的政策措施,为推动两岸经济文化交流合作发挥了重要作用。党的十九大提出,我们秉持"两岸一家亲"理念,愿意率先同台湾同胞分享大陆发展的机遇,扩大两岸经济文化交流合作,实现互利互惠。为此,2018年2月28日,国台办、国家发展改革委经商中组部等29个部门,发布实施《关于促进两岸经济文化交流合作的若干措施》(以下简称《若干措施》),着力为台企台胞提供与大陆企业、大陆同胞同等的待遇。

《若干措施》出台的31项具体措施中,12条涉及加快给予台资企业与大陆企业同等待遇,主要包括:明确台资企业,参与国家重点研发计划项目、基础设施建设,政府采购和国有企业混合所有制改革等享有与大陆企业同等待遇,明确台资企业用地、向中西部和东北地区转移、台资农业企业可享受的相关政策,并支持两岸业者在小额支付、征信服务、银团贷款等方面深化金融合作。另有19条措施涉及逐步为台湾同胞在大陆学习、创业、就业、生活提供与大陆同胞同等待遇,主要包括:向台湾同胞开放134项国家职业资格考试,为台湾人士取得从业资格和在大陆应聘提供更多便利,台湾同胞可申请"万人计划"和各类基金项目,参与中华优秀传统文化传承发展工程和评奖项目、荣誉称号评选,加入专业性社团组织、行业协会,参与大陆基层工作,并放宽台

---

1 习近平. 为实现民族伟大复兴 推进祖国和平统一而共同奋斗——在《告台湾同胞书》发表40周年纪念会上的讲话. 新华网,2019-01-02.

2019 年 12 月 12 日，上海推出公租房，为台湾青年解决"住之忧"

湾影视、图书等市场准入限制。[1] 这些措施将推动两岸同胞共同弘扬中华文化，促进心灵契合。这 31 条措施具有一视同仁、量身定制、受益广泛的鲜明特点。对台湾同胞来说，相关措施为台湾同胞在大陆学习、创业、就业、生活提供更多便利，创造更好条件。

四是坚决遏制"台独"势力新动向。党中央一贯坚决反对"台独"分裂活动。2018 年，台海形势复杂严峻。在以习近平同志为核心的党中央坚强领导下，对台工作积极有为、克难前行、稳中有进，开创了新局面。

引领两岸关系发展方向，坚决遏制形形色色的"台独"分裂言行，取得实效。广大台湾同胞对民进党当局破坏两岸关系强烈不满，希望维护台海地区和平稳定、分享两岸关系和平发展红利、改善岛内经济民生的呼声高涨，"两岸关系好，台湾才会好，台湾才有前途"的认识更加深入人心。事实证明，两岸关系走近走稳走好，是民心所向、民意所归。

采取一系列惠及广大台湾同胞的政策措施。促进两岸经济文化交流合作的"31 条措施"迅速落地见效，如制发台湾居民居住证、取消台湾居民就业许可证、向金门供水等，在率先同台湾同胞分享大陆发展机遇、逐步为台胞提供

---

1 冯学知，李福妃. 大陆再推 31 项措施落实在陆台企台胞同等待遇. 人民日报，2018-03-01（14）.

同等待遇方面迈出新步伐。2018 年两岸贸易额首破 2000 亿美元，两岸经贸联系越来越密切。一些台湾同胞在海外遭遇困难，我们及时伸出援手，为他们排忧解难。广大台胞深切感受到两岸一家亲，感受到伟大祖国永远是他们最坚强的依靠。在"31 条措施"发布 5 周年之际，2023 年 9 月，中共中央、国务院出台《关于支持福建探索海峡两岸融合发展新路　建设两岸融合发展示范区的意见》。该意见是深入贯彻落实习近平总书记"突出以通促融、以惠促融、以情促融，勇于探索海峡两岸融合发展新路"重要指示精神，进一步深化两岸各领域融合发展、推进祖国和平统一进程的重大举措，充分体现大陆坚定践行"两岸一家亲"理念，尊重、关爱、造福台湾同胞的诚意善意，可谓"含金量""含情量"十足。这必将进一步推动两岸关系深度发展。

积极推动两岸同胞相互交流。2018 年，8000 余名台湾基层民众热情参与海峡论坛。1800 余人参加两岸青年运动会，两岸学生棒球联赛掀起新热潮。更多台胞来大陆就业、创业、学习、生活，到祖国大陆广阔天地圆梦。2023 年以来，从 3 月马英九带领台湾青年学生赴南京、武汉、长沙、重庆、上海等地参访；到 6 月举办第十五届海峡论坛中，台湾青年超过 1/3；再到 2023 两岸青年峰会、第三届海峡两岸青年文化月活动等暑期交流活动全面启动。7 月，受马英九基金会邀请，大陆北京大学、清华大学、复旦大学、武汉大学和湖南大学五所高校师生组成交流团计 37 人，顺利赴台湾完成 9 天的访台行程。交流团由北京大学党委书记郝平教授带队，一经抵台便受到岛内关注，在马英九及基金会的陪同下，参访了台湾众多标志性的地点，也体验了宝岛别样的市民生活。大陆学生团的精神风貌在岛内掀起了大陆风。可以说，两岸青年互学互鉴、厚植情谊，为扩大两岸交流合作、深化两岸融合发展注入青春活力。国际社会普遍坚持一个中国原则，台湾当局图谋参与世界卫生大会等国际组织活动接连受挫，一批国家相继作出正确选择，与台断绝所谓"邦交关系"。我们的国际"朋友圈"越来越大。

尽管两岸关系不会一帆风顺，"台独"势力不会自动退出舞台。但是这些都不足为惧，我们完全有能力战胜各种风险挑战。民族必然复兴、国家必须统一。这是大势所趋、大义所在、民心所向。

第九章

全面展开中国特色大国外交

党的十八大以来，在党中央坚强领导下，面对国际形势风云变幻，我国对外工作攻坚克难、砥砺前行、波澜壮阔，提出人类命运共同体理念、"一带一路"倡议，设立亚洲基础设施投资银行，开创性推进中国特色大国外交，经历了许多风险考验，打赢了不少大仗硬仗，办成了不少大事难事，取得了历史性成就。中国外交呈现出日益明显的中国特色、中国风格和中国气派，中国特色大国外交全面展开。

一、推动构建人类命运共同体

当今世界正在经历新一轮大发展大变革大调整，正处于百年未有之大变局。所谓百年，并不是仅仅指一百年，而是一种形象化的说法，意在用大历史的眼光来看全球局势；所谓大变局，大就大在变化的范围，大就大在影响的深远。世界多极化、经济全球化、社会信息化、文化多样化深入发展，全球治理体系和国家秩序变革加速推进，新兴市场国家和发展中国家快速崛起，国际力量对比更趋均衡，世界各国人民的命运从未像今天这样紧密相连。同时，世界面临的不稳定性不确定性突出，世界经济增长乏力，贸易保护主义、孤立主义、民粹主义等思潮不断抬头，贫富分化日益严重，地区热点问题此起彼伏。恐怖主义、网络安全、重大传染性疾病、气候变化等非传统安全威胁持续蔓延。可以说，世界秩序在近些年来发生着前所未有的历史性变化，世界头号强国美国接连"甩锅"、频频"退群"，老牌强国英国"脱欧"，欧盟内部也歧见纷纭，甚至有人提出北约已"脑死亡"。尤其是美国改变对华策略后，中美关系的不确定性在增强、管控分歧难度在加大。同时，中国正日益走向世界舞台中央，世界对中国的关注从未像今天这样广泛、深切、聚焦；中国对世界的影响也从未像今天这样全面、深刻、长远。在此大背景下，我们既要看到变局，也要看到不变的因素，对大变局全面看、辩证看。大国竞争不仅取决于硬实力，还有软实力，尤其是具有长远的战略谋划和高远的战略思维。英国中国问题观察家休·佩曼在《中国巨变：地球上最伟大的变革》中盛赞中国发生的变革是"地球上最伟大的演出"。

　　构建人类命运共同体就是中国为应对世界百年未有之大变局提出的中国方案。2013 年 3 月，国家主席习近平在莫斯科国际关系学院的演讲中提出："这个世界，各国相互联系、相互依存的程度空前加深，人类生活在同一个地球村里，生活在历史和现实交汇的同一个时空里，越来越成为你中有我、我中有你的命运共同体。"[1] 2015 年 9 月，在第七十届联合国大会一般性辩论时，国家主席习近平再次强调，"我们要继承和弘扬联合国宪章的宗旨和原则，构建以合作共赢为核心的新型国际关系，打造人类命运共同体"。2017 年 1 月，在联合国日内瓦总部演讲时，国家主席习近平强调，面对全球问题，"世界命运应该由各国共同掌握，国际规则应该由各国共同书写，全球事务应该由各国共同治理，发展成果应该由各国共同分享"。他进一步指出，构建人类命运共同体，关键在行动。必须坚持对话协商，建设一个持久和平的世界；坚持共建共享，建设一个普遍安全的世界；坚持合作共赢，建设一个共同繁荣的世界；坚持交流互鉴，建设一个开放包容的世界；坚持绿色低碳，建设一个清洁美丽的世界。[2] 人类命运共同体思想，承载着中国对建设美好世界的崇高理想和不懈追求，反映了世界各国人民对和平公正新秩序的美好期待，因此受到国际社会特别是广大发展中国家的普遍欢迎和强烈支持。

　　2017 年 2 月 10 日，联合国社会发展委员会通过"非洲发展新伙伴关系的社会层面"决议，"呼吁国际社会本着合作共赢和构建人类命运共同体的精神，加强对非洲经济社会发展的支持"。"构建人类命运共同体"理念被正式写入联合国决议，表明这一理念已经得到国际社会广泛认可。何谓人类命运共同体？习近平总书记在党的十九大报告中强调指出："构建人类命运共同体，建设持久和平、普遍安全、共同繁荣、开放包容、清洁美丽的世界。"他接着用五

1　习近平 . 习近平谈治国理政 . 第一卷（2 版）. 北京：外文出版社，2018：272.

2　习近平 . 习近平谈治国理政 . 第二卷 . 北京：外文出版社，2017：541-544.

个"要"系统阐述了怎样构建人类命运共同体,即要相互尊重、平等协商,坚决摒弃冷战思维和强权政治;要坚持以对话解决争端、以协商化解分歧;要同舟共济,促进贸易和投资自由化便利化;要坚持环境友好,合作应对气候变化,尊重世界文明多样性;要保护好人类赖以生存的地球家园。

2019年年底新冠疫情突如其来,截至2020年8月16日,全球确诊病例超过2129万例。全球抗疫压力巨大,需要各国之间团结协作,战胜人类面临的共同敌人,这有力地证明了中国提出的人类命运共同体的外交理念,反映了人类合作团结求生存的本质要求,是一个能够为全球所接受的外交公共品。

二、提出建设"一带一路"的倡议

2013年,国家主席习近平准确把握我国对外开放内外环境新变化,提出建设"一带一路"的重大倡议,这是在顺应时代要求的基础上对古丝绸之路的传承和提升。"一带一路"为连接亚太经济圈和欧洲经济圈提供了一个相关国家共商共建共享的包容性发展平台。"一带一路"追求的是沿线各国政策沟通、设施联通、贸易畅通、资金融通、民心相通。

共建"一带一路"逐渐从倡议变为行动,从理念转化为实践,成为开放包容的国际合作平台和各方普遍欢迎的全球公共产品,100多个国家和国际组织积极支持和参与,一大批有影响力的标志性项目顺利落地,中国与许多国家发展战略顺利对接,基础设施互联互通水平快速提升。2014～2016年,中国同"一带一路"沿线国家贸易总额超过3万亿美元,对"一带一路"沿线国家投资累计超过500亿美元。2017年5月,"一带一路"国际合作高峰论坛,来自140多个国家和80多个国际组织的1600多名代表出席,取得5个大类、76个大项、270多项合作成果,形成国际社会广泛参与、合力推动"一带一路"建设的磅礴气势。各方盛赞"一带一路"建设为构建开放型世界经济、改善和加强全球治理提供了中国方案。

2019年4月25～27日,第二届"一带一路"国际合作高峰论坛在北京顺利举行。会议期间,数千名中外嘉宾分别聚焦政策沟通、设施联通、贸易畅通、资金融通、民心相通、智库交流、廉洁丝绸之路、数字丝绸之路、绿色之

2019 年 4 月 25 日，首届"一带一路"企业家大会在北京举行，成为第二届"一带一路"国际合作高峰论坛的一大亮点

路、创新之路、境外经贸合作区以及地方合作等主体进行深入交流。国家主席习近平在峰会上发表演讲时提出确立高质量共建"一带一路"目标，构建全球互联互通伙伴关系。中方牵头形成了一份 283 项的成果清单，发布了《共建"一带一路"倡议：进展、贡献与展望》，对几年来共建"一带一路"走过的历程作出了全方位回顾，提出了下一步高质量发展的意见和建议。

"一带一路"的"朋友圈"还在继续扩大，如中国－白俄罗斯工业园（简称中白工业园）的建设。中白工业园由中白两国元首亲自倡导，两国政府大力支持推动。截至 2023 年 5 月，园区中方占股 68%，白方占股 32%。中国－白俄罗斯工业园重点发展的项目是电子信息、生物医药、精细化工、高端制造、物流仓储等产业。工业园位于白俄罗斯首都明斯克国际机场附近，交通便捷，占地面积约 117 平方千米，规划开发面积 91.5 平方千米，一期工程用地面积 8.5 平方千米。白俄罗斯中白工业园管委会主任亚罗申科接受记者专访时说："在中国和白俄罗斯的共同努力下，两国间最大的'一带一路'合作项目中白工业园得到快速开发建设，我们看好包括中白工业园在内的白中'一带一路'合作前景。"针对国际上肆意抹黑中国共建"一带一路"的问题，中国一方面通过扎实的行动证明自己，一方面也在努力向世界讲好"一带一路"的故事。截至 2023 年 6 月，中国已同 152 个国家和 32 个国际组织签署 200 余份共建"一带一路"合作文件。

这是在白俄罗斯首都明斯克以东 25 千米处的中白工业园（图片摄于 2018 年 12 月 15 日）。由中白两国国家元首倡建的中白工业园，是两国合作共建丝绸之路经济带的标志性工程

三、形成全方位外交布局

国家主席习近平以卓越的政治家和战略家的宏大视野和战略思维，谋划运筹对外工作全局，并身体力行遍访五大洲不同类型国家以及主要国际和区域合作组织。他与各国领导人、各界人士和社会民众广泛深入接触和交流，讲述中外互利合作的典型事例和人民交往的友好佳话，强调各国和各国人民结伴而行、共创美好未来的重大意义。党的十八大以来，我们以周边和大国为重点，以发展中国家为基础，以多边为舞台，以深化务实合作、加强政治互信、夯实社会基础、完善机制建设为渠道，全面发展同各国友好合作。截至 2020 年年底，我国已同 112 个国家和国际组织建立不同形式的伙伴关系，实现对大国、

周边和发展中国家伙伴关系的全覆盖。

推动建立新型大国关系。随着中国崛起以及与美国经济实力差距的缩小，一些人根据历史上新兴大国与既有大国之间多次发生对抗和战争的经历，担心中美之间可能发生对抗甚至军事冲突。针对这种情况，国家主席习近平在 2013 年 6 月与美国总统奥巴马会晤时提出，按照"不冲突不对抗、相互尊重、合作共赢"的原则，建立中美新型大国关系的理念。这一主张成为中国发展和稳定中美关系的目标和指导思想。2014 年 11 月，习近平在中央外事工作会议上强调，要推动建立以合作共赢为核心的新型国际关系，坚持互利共赢的开放战略，把合作共赢理念体现到政治、经济、安全、文化等对外合作的方方面面，推动建立以合作共赢为核心的新型国际关系。这是对国际秩序观的创新和发展，开辟了国际关系新愿景。在此理念指导下，大国关系健康平稳。2013 年以来，中美元首多次会晤，推动中美新型大国关系建设取得重要成果。美国新一届政府就职后，国家主席习近平同美国总统特朗普于 2017 年 4 月在佛罗里达州海湖庄园成功举行首次会晤，明确了中美关系发展方向和原则，规划了双边合作优先领域和机制，加强了国际地区事务沟通协调。会晤实现中美关系平稳过渡，对推动两国关系沿着正确轨道向前发展具有重要意义。特朗普也应邀到中国访问，还在具有 600 年历史的故宫观看了中国的国粹——京剧，很受震撼。两国贸易战打响之后，中美关系走势不容乐观，尤其是抗击新冠疫情期间，双方关系不仅没有转圜而且有继续交恶的态势。但中国坚持和平发展、努力推动双方走合作共赢之路，中美关系风雨莫测，发展态势很难预料。这个阶段，中俄高层交往频密，国家主席习近平和俄罗斯总统普京已经会见 20 多次，战略互信加深，"一带一路"与欧亚经济联盟建设对接合作有序推进，大项目合作取得突破性进展，中俄全面战略协作伙伴关系不断迈向更高水平，成为维护世界和平稳定的重要"压舱石"。2018 年 6 月，普京再次来华访问，坐了坐中国高铁，表示有一种浪漫的感觉。

践行"亲、诚、惠、容"周边外交理念。周边为中国安身立命之所、发展繁荣之基。2013 年 10 月，党中央召开周边外交工作座谈会，习近平总书记在会上强调了中国在与周边国家的关系中，要坚持与邻为善、以邻为伴，坚持睦邻、安邻、富邻，突出体现"亲、诚、惠、容"的理念；坚持睦邻友好，守望相助；讲平等、重感情；常见面，多走动；多做得人心、暖人心的事，使周边国家对我们更友善、更亲近、更认同、更支持，增强亲和力、感召力、影响力。

2013 年，国家主席习近平首次访非期间提出了"真、实、亲、诚"对非工作的四字箴言。即对待非洲朋友，我们讲一个"真"字；开展对非合作，我们讲一个"实"字；加强中非友好，我们讲一个"亲"字；解决合作中的问题，我们讲一个"诚"字。这一理念成为中国对非工作的新理念。上述这些理念是新时期中国发展与周边及发展中国家的指导思想。

四、推动全球治理创新

针对全球治理面临的重大现实问题和挑战，国家主席习近平提出了全球治理观、新安全观、新发展观、正确义利观、全球化观等一系列新理念新主张，推动建立更加公正合理、普惠均衡的全球治理体系。党的十八大以来，中国积极参与引领全球治理体系变革，演绎了精彩的"三部曲"。一是成功举办亚太

2016 年 9 月 4 日，二十国集团领导人第十一次峰会在杭州国际博览中心举行

经合组织领导人北京会议，启动亚太自贸区进程并确定相关路线图，对亚太区域合作发挥了重要引领作用。二是成功举办二十国集团领导人杭州峰会，首次把创新作为全球恢复增长的新动力，首次把结构性改革作为解决世界经济难题的主方向，首次把发展置于宏观政策协调的突出位置，首次形成全球多边投资规则框架，有力推动二十国集团从危机应对向长效治理机制转型，取得一系列具有开创性、引领性、机制性的重要成果。三是 2017 年年初，国家主席习近平出席世界经济论坛年会并访问联合国日内瓦总部，推动经济全球化向开放、包容、普惠、平衡、共赢方向发展，宣示中国推动共建人类命运共同体的决心和承诺，为人类社会发展进步描绘了蓝图、提振了信心，国际社会对此予以高度评价和一致赞赏，中国理念逐步成为国际共识。[1] 目前，出任联合国专门机构和重要国际组织一把手的中国人越来越多。2016 年起，中国在国际货币基金组织中的份额从第六位跃居第三位，人民币被纳入国际货币基金组织特别提款权货币篮子。中国的国际话语权和影响力正在显著提升。

新时代的中国通过外交工作，探索中国特色热点和全球性问题解决之道，努力为世界作出更大的贡献。习近平总书记强调，中国始终做世界和平的建设者、全球发展的贡献者、国际秩序的维护者。2015 年中国成功举办中国人民抗日战争暨世界反法西斯战争胜利 70 周年纪念活动，发出维护第二次世界大战胜利成果、捍卫世界和平的时代强音。中国致力于政治解决国际和地区热点问题，努力发挥弥合分歧、劝和促谈的建设性作用。坚持朝鲜半岛无核化目标，坚持通过对话谈判解决半岛核问题，2017 年提出"双轨并行"思路和"双暂停"倡议，为缓解半岛紧张局势、推动重启接触对话、维护地区和平安宁继续作出重要贡献。2018 年，国家主席习近平和朝鲜最高领导人金正恩会晤两次，为中朝关系健康发展打下良好基础。中国积极参与伊朗、叙利亚、南苏丹、阿富汗等问题解决进程，建立联合国和平与发展基金，率先组建常备成建制维和警队及 8000 人规模的维和待命部队，彰显中国负责任大国形象。中国还同世界各国合力应对恐怖主义、网络安全、公共卫生、难民等全球性挑战，为推动达成气候变化《巴黎协定》、应对埃博拉疫情等发挥重要作用。

1　王毅 . 党的十八大以来中国外交的新成就新经验 . 党建研究，2017（6）.

在贸易保护主义抬头的形势下，中国坚持顺应全球化时代发展的潮流，坚决摒弃零和思维、以邻为壑思维。在上海合作组织青岛峰会上，国家主席习近平提出，尽管单边主义、贸易保护主义、逆全球化思潮不断有新的表现，但"地球村"的世界决定了各国利益日益交融、命运与共，合作共赢是大势所趋。这种登高望远的外交大智慧得到越来越多国家的认可。

中国外交工作强调以民为本。2017 年，中国公民出境旅游达到 1.3 亿人次。有数百万中国公民在全球各个地方工作、生活、学习，3 万多家中国企业遍布世界各地。面对新形势新任务，外交工作不断增强领保能力建设，积极打造海外民生工程。中国外交部还推出新版中国领事服务网、12308 热线、"领事直通车"微信公众号等领事信息和服务平台，积极为海外同胞提供全天候、零时差、无障碍的领事服务。截至 2019 年 3 月，给予中国游客免签或落地签的国家和地区已达 72 个，与中国缔结简化签证手续协议的国家达 41 个，中国护照的"含金量"不断提升，同胞们走出国门更加安全、便利。2023 年 6 月，中国外交部领事司司长吴玺表示，新时代十年来，外交部组织实施了近 20 次海外中国公民紧急撤离行动，处理各类领事保护案件 50 多万起，涉及中国公民数百万。

国家主席习近平身体力行带头讲好真实精彩的中国故事，在出访、出席多边会议、接待外国领导人访华期间，通过会谈、演讲、接受采访或发表文章等多种方式，积极向国际社会宣介我国社会制度、发展道路和价值理念，引导和增进外界对中国的认知，充分体现中国特色社会主义道路、理论、制度和文化自信，展现中华文明深厚底蕴，夯实中外友好民意基础，树立中国开放、包容、合作的良好形象。

树欲静而风不止。在 2020 年 5 月 24 日"两会"记者招待会上，美国有线电视新闻网（CNN）提出中国实施"战狼外交"话题。国务委员兼外交部部长王毅回应说，我尊重你提问题的权利，但你提问题的角度值得商榷。凡事都应有一个是非判断，人无是非，难以立信；国无是非，难以立世。对于中国外交，外界有着各种各样的解读和评论。但中国始终奉行的是独立自主的和平外交政策。不论国际风云如何变幻，我们都将高举和平、发展、合作、共赢的旗帜，恪守维护世界和平、促进共同发展的宗旨，同各国开展友好合作，把为

2015 年 4 月 6 日，中方从也门撤离中外人员。此次撤侨，彰显了中国政府保护海外公民安全的坚定决心以及中国的大国担当和国际主义精神

人类作出新的更大贡献作为我们的使命。王毅指出，"中国的外交政策建立在五千年优秀文明的传统之上。中国自古就是公认的礼仪之邦，中国人爱好和平、崇尚和谐，以诚待人、以信为本。我们从来不会主动欺凌别人"。他同时也强调，"中国人是有原则、有骨气的，对于蓄意的中伤，我们一定会作出有力回击，坚决捍卫国家荣誉和民族尊严。对于无端的抹黑，我们一定会摆明事实真相，坚决维护公平正义和人类良知。"展望中国外交的未来，王毅表示，中方将致力于与各国共同构建人类命运共同体。既然各国同在一个地球村，就应该和平共处，平等相待；就应该有事一起商量，而不是一两个国家说了算。王毅强调，中国一贯主张世界要走向多极化，国际关系要实现民主化。这一主张与人类文明进步的方向完全一致，与绝大多数国家的愿望完全一致。"不管中国发展到什么程度，我们都不会在国际上称王称霸，都将始终站在世界各国的共同利益一边，站在历史发展潮流的正确一边。那些总想给中国扣上霸权帽子的人，恰恰是自己抱着霸权不放的人。""当今世界正在经历百年未有的大变局，充满各种乱象和动荡。面对越来越多的全球性挑战，我们希望各国能够本

着人类命运共同体的理念，相互之间多一些支持，少一点指责；多一些合作，少一点对抗。大家真正携起手来，共同为世界开辟更加美好的未来。"这一回应理性有力。但也应看到，讲好中国外交故事依然还有很大空间。

今天的中国对世界的影响和世界对中国的影响达到了前所未有的高度。2014年的中央外事工作会议提出了中国特色的口号，提出中国特色的大国外交是进入新时代的要求，也是中国与世界互动过程中的自我总结、自我定位。大国外交特色指中国外交的特色不是一般国家的特色，不是小国的特色，而是大国特色。中国是发展中大国，反对霸权主义，有独特外交理念。

在实践中，我们积累了有益经验和深刻体会，对外工作要坚持统筹国内国际两个大局，坚持战略自信和保持战略定力，坚持推进外交理论和实践创新，坚持战略谋划和全球布局，坚持捍卫国家核心和重大利益，坚持合作共赢和义利相兼，坚持底线思维和风险意识。同时要看到，中国外交成就的获得，是坚持以习近平外交思想为指导的结果。

习近平外交思想，概括起来主要有以下十个方面：坚持以维护党中央权威为统领加强党对对外工作的集中统一领导，坚持以实现中华民族伟大复兴为使命推进中国特色大国外交，坚持以维护世界和平、促进共同发展为宗旨推动构建人类命运共同体，坚持以中国特色社会主义为根本增强战略自信，坚持以共商共建共享为原则推动"一带一路"建设，坚持以相互尊重、合作共赢为基础走和平发展道路，坚持以深化外交布局为依托打造全球伙伴关系，坚持以公平正义为理念引领全球治理体系改革，坚持以国家核心利益为底线维护国家主权、安全、发展利益，坚持以对外工作优良传统和时代特征相结合为方向塑造中国外交独特风范。

中国正在日益走向世界舞台的中央，正在前所未有地接近实现中华民族伟大复兴的中国梦。在这波澜壮阔的伟大进程中，党中央领导中国外交积极进取，主动作为，为民族复兴尽责、为人类进步担当，在世界乱象中维护中国发展的良好外部环境，在国际变局中提升中国的国际地位和影响，谱写着中国特色大国外交的精彩篇章。

第十章

全面加强党的领导和党的建设

办好中国的事情，关键在党。中国共产党的领导，是中国特色社会主义最本质的特征，是中国特色社会主义制度的最大优势。党的十八大以来，我国改革开放和社会主义现代化建设之所以能取得历史性的成就，发生历史性的变革，其根本原因就是坚持和加强党的全面领导、坚持全面从严治党，勇于自我革命，使管党治党从宽松软走向严紧硬，党的领导力、凝聚力、战斗力显著增强。

一、坚持和加强党的全面领导

党的领导地位不是自封的，而是历史和人民作出的正确选择。1980年8月18日，邓小平同志在中共中央政治局扩大会议上发表《党和国家领导制度的改革》讲话，指出："在中国这样的大国，要把几亿人口的思想和力量统一起来建设社会主义，没有一个由具有高度觉悟性、纪律性和自我牺牲精神的党员组成的能够真正代表和团结人民群众的党，没有这样一个党的统一领导，是不可能设想的，那就只会四分五裂，一事无成。"党的十八大以来，以习近平同志为核心的党中央把对民族、人民和党的责任，落实到使党成为坚强领导核心上，切实做到"党政军民学，东西南北中，党是领导一切的"。

中国特色社会主义进入新时代，中国人民的生活芝麻开花节节高，一年更比一年好，这与党的领导核心作用密不可分。可是，随着经济和社会的发展，社会各界或多或少地出现弱化党的领导现象。例如，十八届中央第九轮巡视在对辽宁、安徽、山东、湖南等4个省进行"回头看"时，发现"党的领导弱化"问题在4个省份是普遍现象；十八届中央第十二轮巡视在对14所中管高校党委开展专项巡视时，14所高校都被指出存在"党的领导弱化""党委在领导核心作用发挥不够充分""党委领导作用发挥层层递减"等类似问题；北京市委巡视组对市质监局党组等 8 个单位党组织进行了调查巡视，8 个单位也都被指出存在"党的领导弱化"的问题。由此可见，党的领导弱化现象已成为影响全局的重大问题，坚持和加强党的全面领导迫在眉睫、势在必行。

坚持和加强党的全面领导，是全面、系统、整体的，绝不仅指某一方面或某一领域的片面领导，而是指党对治国理政的方方面面，对国家政权的一切机构、体制、制度等的设计、安排、运行的全面领导。党的十九大提出"党政军民学，东西南北中，党是领导一切的"。党的二十大报告指出，坚持党的全面领导是坚持和发展中国特色社会主义的必由之路。各领域、各层级、各方面，都要坚持党的领导。只有坚持党的全面领导，才能统筹协调各个领域、行业，团结各个地区、民族。如若不然，大家各自为政、各行其是，中国就会变成一盘散沙，党的领导也会成为一句空话。从历史角度看，国民党之所以失败，很大程度上就是因为它没能很好地实现全面领导，各个派系、地区、领域都自立门户，与组织凝聚力极强的中国共产党竞争，难逃四分五裂、难以为继的命运。

如何坚持和加强党的全面领导呢？邓小平同志指出，还是制度靠得住些。因此，坚持和加强党的全面领导，要从制度上下功夫。首先是建立健全党对重大工作的领导体制机制。在中央政治局及其常委会领导下，优化党中央决策议事协调机构。其他方面的议事机构要同党中央议事协调机构的设立调整相衔接。党的十八大以来，党中央成立多个高层领导机构以推进国家治理体系建设，如中央全面深化改革领导小组（今中央全面深化改革委员会）、中央国家安全委员会、中央网络安全和信息化领导小组（今中央网络安全和信息化委员会）、中央军委深化国防和军队改革领导小组、中央反腐败协调小组国际追逃追赃工作办公室、中央军民融合发展委员会等。强化组织体系建设，不断强化党的组织在同级组织中的领导地位，实现党的组织的全覆盖，为实现党的领导奠定组织和制度基础。其次，严格执行向党中央的请示报告制度。中央政治局每年应向党中央和总书记书面述职，中央书记处、中央纪律检查委员会、全国人大常委会党组以及国务院党组等机构要每年向中央政治局及其常委会报告工作，各地区各级党委遇有突发性重大问题和工作中的重大问题也要及时向党中央请示报告。针对请示报告制度执行过程中出现的问题，习近平总书记曾举例："有些领导干部个人重大问题不报告。不是说非要家里出了命案才需要报告。有的同志有重病不报，对所有人都隐瞒了，最后病危了组织还不知道，场面上的工作都干不了了，但就是不说，最后命都给耽误没了。"[1] 近年来，中国共产党特别加强了请示报告制度的执行力度。

通过出台重要文件和召开高级别会议加强对各方面工作的指导。党的十八大以来，中共中央、国务院出台了一系列文件推动各项事业向前发展。例如，为促进人口长期均衡发展，2013 年 12 月，中共中央、国务院印发《关于调整完善生育政策的意见》，提出单独两孩政策。2015 年 12 月，中共中央、国务院印发《关于实施全面两孩政策改革完善计划生育服务管理的决定》。2016 年 1 月，修改后的《中华人民共和国人口与计划生育法》正式实施，明确国家提倡一对夫妻生育两个子女。2021 年 7 月，《中共中央　国务院关于优化生育政策促进人口长期均衡发展的决定》发布，作出实施三孩生育政策及配套支持措施重大决策，开启我国人口发展新阶段。为遏制毒品对社会的危害，中共中央、国务院于 2014 年 6 月印发《关于加强禁毒工作的意见》。9 月，全国禁毒工作会议决定，从 2014 年 10 月至 2015 年 3 月，在公安部确定的 108 个重点城市开展为期半年的百城禁毒会战。会战期间，全国共破获毒品犯罪案件 11.5 万余起，缴获毒品 43.3 吨。为加快林业改革步伐，2015 年 2 月，中共中央、国务院印发《国有林场改革方案》和《国有林区改革指导意见》。此外，还印发了十余份文件，内容涉及电力体制改革、生态文明体制改革、价格机制改革、法治政府建设、京津冀协同发展，以及农业现代化等多个方面。为推动区域发展，2016 年 2 月，中共中央、国务院印发《关于全面振兴东北地区等老工业基地的若干意见》。5 月，中共中央、国务院印发《长江经济带发展规划纲要》。为加强耕地保护工作，2017 年 1 月，中共中央、国务院印发《关于加强耕地保护和改进占补平衡的意见》，提出到 2020 年，全国耕地保有量不少于 18.65 亿亩。2022 年全国耕地面积达 19.14 亿亩，较上年末增加约 130 万亩，已连续两年实现耕地总量净增加。

1　习近平. 论坚持党对一切工作的领导. 北京：中央文献出版社，2019：91.

此外，还要完善严格执行民主集中制的具体制度。坚持民主基础上的集中和集中指导下的民主相结合，坚持集体领导与个人分工负责相结合，既坚持纪律又保持活力，努力在全党形成又有集中又有民主、又有纪律又有自由、又有统一意志又有个人心情舒畅的生动活泼的政治局面。

坚持和加强党的全面领导是具体的，不是空洞的、抽象的，体现在治国理政的方方面面；体现在国家政权的机构、体制、制度等的设计、安排和运行之中；体现在坚决维护习近平总书记党中央的核心、全党的核心地位，坚决维护党中央权威和集中统一领导；体现在党严格依法依规办事，确保党的领导更加坚强有力。

二、坚决维护习近平总书记党中央的核心、全党的核心地位

船重千钧，掌舵一人。一个国家、一个政党，领导核心至关重要。有了领导核心的党，就像万吨巨轮有了罗盘，漆黑的夜里有了明灯，寒冷的冬日有了太阳。有了领导核心的党，才能做到在思想上高度统一，在政治上高度团结，在行动上高度一致。确立和维护无产阶级政党的领导核心，始终是马克思主义建党学说的一个基本观点，也是无产阶级政党走向成熟的重要标志。

纵观党的百年历史，不难发现，什么时候我们党有了坚强领导核心，我们党的事业就顺利开展，反之就遭遇挫折。新民主主义革命时期，有了毛泽东同志这个核心，全党维护毛泽东，我们党就取得了革命的胜利。改革开放和社会主义现代化建设新时期，有了邓小平同志这个核心，全党维护邓小平，我们党就成功开创了中国特色社会主义。进入新时代，面对世界百年未有之大变局、中华民族伟大复兴战略全局，习近平总书记以马克思主义政治家、理论家、战略家的超凡政治智慧、超凡理论勇气、超凡战略思维、超凡历史担当，以博大的人民情怀、家国情怀、民族情怀和天下情怀，统揽"四个伟大"、统筹"五位一体"总体布局和"四个全面"战略布局、统筹发展和安全，坚持弘扬伟大建党精神，坚持稳中有进的总基调，引领全党全军全国各族人民团结一心，战胜前进道路上的艰难险阻，清除党、国家和军队内部的严重隐患，妥善应对外部环境的巨大变化，推动党和国家事业取得历史性成就、发生历史性变革。

　　党的十八届六中全会正式确立习近平总书记党中央的核心、全党的核心地位，党的十九大把习近平总书记党中央的核心、全党的核心地位写入党章，这是历史和人民的共同选择、郑重选择、必然选择，是党和国家之幸、人民之幸、中华民族之幸；确立习近平同志党中央的核心、全党的核心地位，是时代呼唤、历史选择、民心所向。坚定拥护和维护习近平总书记的核心地位，全党就有定盘星，全国人民就有主心骨，中华"复兴"号巨轮就有掌舵者。2021年党的十九届六中全会通过的《中共中央关于党的百年奋斗重大成就和历史经验的决议》鲜明提出"党确立习近平同志党中央的核心、全党的核心地位，确立习近平新时代中国特色社会主义思想的指导地位，反映了全党全军全国各族人民共同心愿，对新时代党和国家事业发展、对推进中华民族伟大复兴历史进程具有决定性意义。""两个确立"是党的百年历史的必然结论，也是党的十八大以来的最重大政治成果，我们必须坚决拥护。

　　新时代，我们必须紧密团结在以习近平同志为核心的党中央周围，时刻做到"万山磅礴看主峰"，把"四个意识"落实到一言一行上，体现到本职工作中。唯有如此，我们党才能适应坚持和发展中国特色社会主义伟大事业、推进党的建设新的伟大工程的内在要求；才能团结一致、上下齐心，实现凝神聚力，散发蓬勃力量；才能带领全党全军全国各族人民顺利实现社会主义现代化强国目标、实现中华民族伟大复兴的中国梦。

三、坚决维护党中央权威

　　"事在四方，要在中央"。邓小平同志曾告诫道，"中央的话不听，国务院的话不听，这不行。特别是有困难的时候，没有党中央、国务院这个权威，不可能解决问题。有了这个权威，困难时也能做大事"。如今，中国特色社会主义已进入新时代，习近平总书记明确强调，党的历史、新中国发展的历史都告诉我们：要治理好我们这个大党、治理好我们这个大国，保证党的团结和集中统一至关重要，维护党中央权威至关重要。坚决维护党中央权威、保证全党令行禁止，是党和国家前途命运所系，是全国各族人民根本利益所在。我们必须毫不动摇地坚持下去。

集中统一是党的力量所在。维护党中央权威，就必须维护党中央的集中统一领导。党和国家大政方针的决定权在党中央，必须以实际行动维护党中央一锤定音、定于一尊的权威。习近平总书记强调，党是我们各项事业的领导核心，这就像是"众星捧月"，这个"月"就是中国共产党。古人讲的"六合同风，九州共贯"，在当代中国，没有党的领导，这个是做不到的。党的任何组织和成员，无论在哪个领域、哪个层级、哪个单位，都要服从党中央集中统一领导。维护党中央权威，绝不是一般问题和个人私事，而是方向性、原则性问题，是党性，是大局，关系党、民族、国家前途命运。

从党的历史经验来看，无论是哪种形式、多大规模的党内宗派组织和宗派活动，无疑都给党的革命和建设事业带来了严重的危害。1935年，张国焘在卓木碉另立党的"中央""中央政府"和"中央军委"，公开分裂党和红军，严重破坏了党的集中统一领导，使红四方面军受到重大损失。全国抗日战争开始后，王明又多次不经中央授权擅自发表包括错误观点的宣言、决议和文章，否认抗日统一战线中的独立自主原则，在党内造成了认识上的混乱，对党的实际工作造成了危害，使党未能在1937年冬至1938年春在华中敌后更广泛地开展抗日游击战争和创建抗日根据地。可以说，党中央集中统一领导在任何时期都是党的领导的最高原则，从根本上关乎党和国家前途命运、关乎人民根本利益，一旦有所偏废，必会酿成大祸。

在新时代坚决做到"两个维护"，要求中央政治局首先要带头树立政治意识、大局意识、核心意识、看齐意识，严格遵守党章和党内政治生活准则，全面落实党的二十大关于加强和维护党中央集中统一领导的各项要求，自觉在以习近平同志为核心的党中央集中统一领导下履行职责、开展工作。要求各级领导干部应坚持用党的理论创新最新成果武装头脑、指导实践、推动工作。要求各级纪委应带头尊崇党章，把维护党章和其他党内法规作为首要任务，加强对遵守党章、执行党纪情况的监督检查，严肃查处违反党章党规党纪的行为，坚决维护党章权威，做党章的坚定执行者和忠实捍卫者。要求全体党员做到忠诚干净担当，坚持说老实话、干老实事、做老实人，决不搞两面派、不做"两面人"。

四、全面从严治党持续发力

全面从严治党是党的十八大以来党的建设的主题，也是十八大以来党中央治国理政的一大亮点。以习近平同志为核心的党中央把全面从严治党纳入战略布局，从作风建设这个环节突破，严抓党的政治建设、思想建设、作风建设、组织建设、纪律建设、制度建设，坚持反腐败无禁区、全覆盖、零容忍，全面强化党内监督，健全和完善党内法规制度体系，使中国共产党始终成为中国特色社会主义事业的坚强领导核心。

党的十八大后进行的全面从严治党是从加强党的作风建设入手的。2012年12月4日，中共中央政治局会议审议通过《十八届中央政治局关于改进工作、密切联系群众的八项规定》，这被俗称为"中央八项规定"。实际上，11月29日习近平总书记在参观《复兴之路》展览时，就开始带头执行中央八项规定了。那一天没有像原来那样封路，从中南海到国家博物馆，总书记的车足足走了20多分钟。12月，习近平总书记到广东考察，也是轻车简从，没有封路。中央领导的率先垂范，赢得了群众点赞。

为进一步加强作风建设，2013年4月，中共中央政治局决定在全党自上而下分批开展党的群众路线教育实践活动。此次活动以为民务实清廉为主要内容，坚决反对形式主义、官僚主义、享乐主义和奢靡之风（简称"四风"），以"照镜子、正衣冠、洗洗澡、治治病"为总要求，主要任务是教育引导党员、干部树立群众观点，弘扬优良作风，解决突出问题，保持清廉本色，使党员、干部思想进一步提高、作风进一步转变，党群干群关系进一步密切，进一步树立党的良好形象。2014年3月，习近平总书记在参加十二届全国人大二次会议安徽代表团审议时，提出了"三严三实"的要求。他指出："各级领导干部都要树立和发扬好的作风，既严以修身、严以用权、严以律己，又谋事要实、创业要实、做人要实。"2015年4月，中共中央印发《关于在县处级以上主要领导干部中开展"三严三实"专题教育方案》。这是党的群众路线教育实践活动的延展，是持续深入推进党的思想政治建设和作风建设的重要举措，是严肃党内政治生活、严明党的政治纪律和政治规矩的重要抓手。"三严三实"专题教育，使广大县处级领导干部在思想、作风、党性上得到升华，推动党内政治生态不断改善。

2016年2月，党中央决定在全体党员中开展"两学一做"学习教育活动，坚持用党章党规规范党员干部的言行，用习近平总书记系列重要讲话精神武装全党，引导全体党员做"四讲四有"[1]的合格党员。"两学一做"学习教育，是推动党内教育从"关键少数"向广大党员拓展、从集中性教育向经常性教育延伸的重要举措。2017年3月，党中央决定推进"两学一做"学习教育常态化制度化，以保证党的组织履行职责、发挥核心作用；保证党员领导干部忠诚干净担当、发挥表率作用；保证广大党员以身作则、发挥先锋模范作用。2019年又根据党的十九大部署在全党开展了"不忘初心、牢记使命"主题教育活动，让全党再次受到震撼和教育。2021年是中国共产党成立100周年，为从党的百年伟大奋斗历程中汲取继续前进的智慧和力量，党中央决定在全党开展党史学习教育。这是党中央立足党的百年历史新起点、统筹中华民族伟大复兴战略全局和世界百年未有之大变局、为动员全党全国满怀信心投身全面建设社会主义现代化国家而作出的重大决策。2022年10月，习近平总书记在党的二十大报告中提出，以县处级以上领导干部为重点在全党深入开展主题教育。2023年4月，在全党开展学习贯彻习近平新时代中国特色社会主义思想主题教育，这是党中央为全面贯彻党的二十大精神、动员全党同志为完成党的中心任务而团结奋斗所作出的重大部署，是深入推进新时代党的建设新的伟大工程的重大部署。

全面从严治党首先从党内政治生活管起严起。党的十八大以来，中共中央把严肃党内政治生活、净化党内政治生态、建构健康政治文化摆在突出位置。

2016年10月，党的十八届六中全会深刻总结了党内政治生活的历史经验，分析了全面从严治党面临的形势和任务，提出办好中国的事情，关键在党，关键在党要管党、从严治党。党要管党必须从党内政治生活管起，从严治党必须从党内政治生活严起。全会审议通过了《关于新形势下党内政治生活的若干准则》和《中国共产党党内监督条例》，为新时代加强和规范党内政治生活、净化政治生态提供了基本遵循和制度性保障。全会指出，新形势下加强和规范党

---

[1] "四讲四有"，即讲政治、有信念，讲规矩、有纪律，讲道德、有品行，讲奉献、有作为。

内政治生活，必须以党章为根本遵循，坚持党的政治路线、思想路线、组织路线、群众路线，着力增强党内政治生活的政治性、时代性、原则性、战斗性，着力增强党自我净化、自我完善、自我革新、自我提高能力，着力提高党的领导水平和执政水平、增强拒腐防变和抵御风险能力，着力维护党中央权威、保证党的团结统一、保持党的先进性和纯洁性，努力在全党形成又有集中又有民主、又有纪律又有自由、又有统一意志又有个人心情舒畅生动活泼的政治局面。全会强调，加强和规范党内政治生活，重点是各级领导机关和领导干部，关键是高级干部特别是中央委员会、中央政治局、中央政治局常务委员会的组成人员。此后，从上到下各级党组织严格党的组织生活制度、坚持和改进"三课一会"[1]等党内政治生活方式，切实开展批评和自我批评，有效解决了党组织生活不经常、不认真、不严肃的问题，加强和规范了党内政治生活，净化了党内政治生态。

严明党的政治纪律和政治规矩，坚持把纪律规矩挺在前面。党的十八大以来，以习近平同志为核心的党中央高度重视党的纪律建设，推动党的纪律建设不断深化。在党的十九大上，纪律建设被纳入党的建设的总布局，成为党的建设的重要环节。

2013年1月，十八届中央纪委二次全会提出要严明党的政治纪律。习近平总书记指出，严明党的纪律，首要的是严明政治纪律。党的纪律是多方面的，但政治纪律是最重要、最根本、最关键的纪律，遵守党的政治纪律是遵守党的全部纪律的重要基础。政治纪律是各级党组织和全体党员在政治方向、政治立场、政治言论、政治行为方面必须遵守的规矩，是维护党的团结统一的根本保证。《中国共产党章程》是中国共产党的总章程、总规矩。严明政治纪律就是要从遵守和维护党章入手。2014年1月，十八届中央纪委三次全会提出加强党的组织纪律要求。习近平总书记提出，要切实增强党性，切实遵守组织制度，切实加强组织管理，切实执行组织纪律。2015年1月，十八届中央纪委五次全会强调把守纪律讲规矩摆在更加重要的位置。习近平总书记指出，要坚持思想建党和制度治党，加强纪律建设，使纪律真正成为"带电的高压线"。2016

1　"三课一会"，中国共产党党内组织生活制度的一部分，是对党员进行教育的重要形式，即定期召开支部党员大会、支部委员会、党小组会，按时上好党课。

年1月，十八届中央纪委六次全会强调纪严于法、纪在法前。全会提出，必须严明党的纪律，把纪律挺在前面，用铁的纪律从严治党。坚持纪律面前一律平等，遵守纪律没有特权，执行纪律没有例外，党内决不允许存在不受纪律约束的特殊组织和特殊党员。为了加强纪律建设，2013年12月，中共中央印发《中国共产党纪律处分条例》；2015年10月又进行了修订，明确违反政治纪律、组织纪律、廉洁纪律、群众纪律、工作纪律和生活纪律等六类违纪行为，划出了党组织和党员不可触碰的底线；2018年8月，又公布了新修订的纪律处分条例，把十八大以来党的建设经验尤其是纪律建设的宝贵经验写了进来，强调"两个维护"。

培养造就忠诚干净担当的高素质干部队伍。党的十八大以来，党中央坚持以严的标准选拔干部、严的措施管理干部、严的纪律约束干部。2013年6月，习近平总书记在全国组织工作会议上提出新时代好干部标准。我们党历来高度重视选贤任能，始终把选人用人作为关系党和人民事业的关键性、根本性问题来抓。"好干部要做到信念坚定、为民服务、勤政务实、敢于担当、清正廉洁"[1]。2014年10月，习近平总书记在对云南工作的指示中，要求党员干部要"对党忠诚、个人干净、敢于担当"。2015年1月，又对县委书记提出"四有"要求，实际上也是要求全党干部做到心中有党、心中有民、心中有责、心中有戒。习近平总书记多次倡导大家要做焦裕禄、谷文昌那样的领导干部。中共中央党校（国家行政学院）还在前来培训的县委书记住所门前安放了焦裕禄、谷文昌的半身雕塑，可谓见贤思齐。

强化党组织在干部选拔任用中的领导和把关作用，防止"带病提拔"；严肃整治用人上的不正之风和腐败现象，严厉查处跑官要官、买官卖官等问题；实行领导干部个人有关事项报告制度和抽查核实制度；建立重大决策终身责任追究制度及责任倒查机制，大力整治"为官不为""庸官""懒政"等问题；探索建立容错纠正机制，宽容干部在工作中特别是改革创新中的失误。

全面强化党内监督，充分发挥巡视利剑作用。党的十八大以来，以习近平同志为核心的党中央积极探索完善党内监督制度的途径和办法，不断创新党内

---

1 中共中央文献研究室. 十八大以来重要文献选编（上）. 北京：中央文献出版社，2014：337.

监督方式。

一是推动建立中央统一领导、党委（党组）全面监督、纪律检查机关专责监督、党的工作部门职能监督、党的基层组织日常监督、党员民主监督的党内监督体系。二是实践监督执纪"四种形态"，即经常开展批评和自我批评、约谈函询，让"红红脸、出出汗"成为常态；党纪轻处分、组织调整成为违纪处理的大多数；党纪重处分、重大职务调整的成为少数；严重违纪涉嫌违法立案审查的成为极少数。三是明确巡视是政治巡视不是业务巡视，发挥巡视利剑作用。四是实现派驻监督全覆盖，向中央一级党和国家机关全面派驻纪检组，充分发挥"派"的权威和"驻"的优势。

党中央将巡视作为党内监督战略性制度安排，确立巡视工作方针，发现问题、形成震慑、标本兼治，创新组织制度和方式方法，第一次实现一届任期巡视全覆盖。中国共产党第十八届中央委员会共开展12轮巡视，巡视277个地方、单位组织，对16个省区市开展"回头看"，对4个单位进行"机动式"巡视，实现对省区市和新疆生产建设兵团、中央和国家机关、国有重要企业、中央金融单位和中管高校的巡视全覆盖，充分发挥了政治"显微镜"和政治"探照灯"的作用。党的十九大以后，巡视力度不减，强度也在加大。

党的十九大对加强党的建设作出新部署，把全面从严治党向纵深推进，特别把政治建设作为党的建设的根本性建设，把纪律建设纳入党的建设总体布局，形成"5+2"格局，提出新时代党的建设总要求和新时代党的组织路线。经过近几年持续的全面从严治党，全党的政治生态为之一新、健康政治文化不断彰显。塞尔维亚总统、执政党进步党主席亚历山大·武契奇认为，中国共产党从严治党、自我净化和整治腐败是进步的核心前提。从严治党这条道路为中共领导注入了重要力量。

五、突出加强党的政治建设

党的十八大以来，党中央比较注重从政治高度强调加强党的政治建设，侧重从政治上管党治党，例如突出强调增强"四个意识"。2017年10月召开的党的十九大，第一次以党代会名义在党的历史上提出加强党的政治建设，而且把政治建设作为全党的根本性建设，明确对党的建设其他方面起统领作用，党的建设总体布局实现了历史性突破。新时代党的建设从此进入新阶段。

党中央特别突出强调党的政治建设，主要是因为在革命、建设、改革各个时期，中国共产党都高度重视党的政治建设，形成了讲政治的优良传统。党的十八大以来，以习近平同志为核心的党中央把党的政治建设摆在更加突出位置，加大力度抓，形成了鲜明的政治导向，消除了党内的严重政治隐患，推动党的政治建设取得重大历史性成就。同时，必须清醒看到，党内存在的政治问题还没有得到根本解决，一些党组织和党员干部忽视政治、淡化政治、不讲政治的问题还比较突出，有的甚至存在偏离中国特色社会主义方向的严重问题。切实有效解决这些问题，必须进一步加强党的政治建设。在此背景下，党的十九大明确提出党的政治建设这个重大命题，强调党的政治建设是党的根本性建设，要把党的政治建设摆在首位，以党的政治建设为统领全面推进党的各项建设。2018年6月29日，习近平总书记在中共中央政治局第六次集体学习时发表重要讲话，专门就加强党的政治建设进行深刻阐述，明确提出要把准政治方向、坚持党的政治领导、夯实政治根基、涵养政治生态、防范政治风险、永葆政治本色、提高政治能力等要求。中央出台的关于加强党的政治建设的意见，是贯彻习近平新时代中国特色社会主义思想和党的十九大精神的重大举措，是党中央深刻总结历史经验和新鲜经验对新时代加强党的政治建设作出的重大决策部署。

新时代突出强调党的政治建设具有重大意义。旗帜鲜明讲政治是共产党作为马克思主义政党的根本要求，是共产党不断发展壮大、从胜利走向胜利的重要保证。党的十八大以来，以习近平同志为核心的党中央把党的政治建设摆在更加突出位置，在坚定政治信仰、增强"四个意识"、维护党中央权威和集中统一领导、严明党的政治纪律和政治规矩、加强和规范新形势下党内政治生活、净化党内政治生态、正风肃纪、反腐惩恶等方面取得明显成效。实践证明，党的政治建设决定党的建设方向和效果，不抓党的政治建设或偏离党的政治建设指引的方向，党的其他建设就难以取得预期成效。中国特色社会主义进入新时代，中国共产党要以新气象新作为统揽推进伟大斗争、伟大工程、伟大事业、伟大梦想，就必须加强党的政治建设。一方面，这是全面从严治党向纵深发展的内在需要。党的十八大以来，我们深刻认识到，党内存在的很多问题都同政治问题相关联，管党治党上的"宽松软"根子上是政治上的"宽松软"，加强党的政治建设是解决党内各种问题的治本之策。要成功应对新形势下共产党面临的"四大考验""四种危险"，就必须把加强党的政治建设摆在首要位置，从根本上解决党内存在的思想不纯、政治不纯、组织不纯、作风不纯等问题，使共产党始终具有崇高政治理想、高尚政治追求、纯洁政治品质、严明政治纪律，永葆党的先进性和纯洁性。另一方面，这是坚持和加强党的全面领导的必然要求。中国特色社会主义最本质的特征是中国共产党领导，中国特色社会主义制度的最大优势是中国共产党领导，党是最高政治领导力量，党的领导必须落实和体现到各方面各环节。在这个问题上，曾一度存在模糊甚至错误的认识和做法，有的认识不清、底气不足、能力不够，含糊其辞、不敢领导、不会领导；有的只讲业务、不讲政治，弱化党的领导，党的领导在一些地方和单位落虚落空了。这些问题都是政治问题。解决这些问题，必须不断加强党的政治建设，建立健全坚持和加强党的全面领导的组织体系、制度体系、工作体系，提高党的执政能力和领导水平，使各级各类组织都在党的集中统一领导下齐心协力、协调一致开展工作，为夺取新时代中国特色社会主义伟大胜利提供坚强政治保证。

2019年年初，中共中央颁布《关于加强党的政治建设的意见》，对加强党的政治建设的指导思想、总体要求、主要内容等作出了详细部署，必将推动全党的政治建设向着更加规范的方向前进。意见明确提出，加强党的政治建设目的是坚定政治信仰，强化政治领导，提高政治能力，净化政治生态，实现全党团结统一、行动一致。着眼于这一目标要求，意见就加强党的政治建设主要作了以下部署：一是坚定政治信仰。意见着眼夯实党的政治建设思想根基，强调坚持用党的科学理论武装头脑，最重要的就是用习近平新时代中国特色社会主义思想武装全党、教育人民，牢固树立共产主义远大理想和中国特色社会主义共同理想，坚定"四个自信"，坚定执行党的政治路线，坚决站稳政治立场，牢记初心使命，凝聚起同心共筑中国梦的磅礴力量。二是强化政治领导。意见抓住党的政治领导这个根本要求，就坚持和加强党的全面领导特别是坚决做到"两个维护"、完善党的领导体制、改进党的领导方式提出了明确要求。三是提高政治能力。意见着眼于提高各级各类组织和党员、干部的政治能力，针对不同主体分别提出要求。强调进一步增强党组织政治功能，彰显国家机关政治属性，发挥群团组织政治作用，强化国有企事业单位政治导向，不断提高党员干部特别是领导干部政治本领。四是净化政治生态。意见提出要把营造风清气正的政治生态作为基础性、经常性工作，着力增强党内政治生活的政治性、时代性、原则性、战斗性，严明党的政治纪律和政治规矩，发展积极健康的党内政治文化，突出政治标准选人用人，永葆共产党人清正廉洁的政治本色，推动实现正气充盈、政治清明。

六、反腐败斗争取得压倒性胜利

以习近平同志为核心的党中央，以巨大的政治勇气、顽强的意志品质，以"得罪千百人、不负十四亿"的历史担当，以壮士断腕的坚强决心，坚持反腐败无禁区、全覆盖、零容忍，坚定不移"打虎""拍蝇""猎狐"，反腐败斗争取得压倒性胜利，海晏河清的政治生态正在形成。

打"老虎"毫不手软，持续形成强大威慑。中国共产党内没有"铁帽子王"，更没有丹书铁券。2012年12月6日，中共中央纪委公布四川省委副书记李春城涉嫌严重违纪接受组织调查，拉开了党的十八大以来查处腐败大案要案的序幕。从党的十八大到党的十九大五年间，党中央就严肃查处了周永康、薄熙来、郭伯雄、徐才厚、孙政才、令计划等严重违纪案件，要求全党吸取教

2019年12月17日，党员干部参观福建省福州市闽清县反腐倡廉警示教育中心

训，坚定政治方向，明辨大是大非，严明政治纪律，维护党的团结统一。

中共中央纪委在查处重大案件的过程中，注意把握政策、突出重点，严肃查处党的十八大后不收敛、不收手，问题线索反映集中、群众反映强烈，现在重要岗位且可能还要提拔使用的领导干部，把三类情况同时具备的作为重中之重。截至 2017 年 10 月，经中共中央批准立案审查的省军级以上党员干部及其他中管干部 440 人。其中，十八届中央委员、候补委员 43 人，中央纪委委员 9 人。全国纪检监察机关共接受信访举报 1218.6 万件（次），处置问题线索 267.4 万件，立案 154.5 万件，处分 153.7 万人，其中厅局级干部 8900 余人、县处级干部 6.3 万人，涉嫌犯罪被移送司法机关处理的 5.8 万人。[1] 党的十九大之后，反腐败力度不减，又查办了一些大案要案。

严惩人民群众身边的腐败。党中央既坚持打"老虎"，又坚持拍"苍蝇"，让人民群众切实感受到斗争取得的成效。中共中央纪委坚持突出审查重点，加大对"小官大贪"惩处力度，严肃查处贪污挪用、截留私分、虚报冒领扶贫资金，在"三资管理"、民生惠民、土地征收等领域搞"雁过拔毛"、吃拿卡要、强占掠夺、优亲厚友等群众身边的不正之风和腐败问题。据中央纪委国家监委网站 2017 年 10 月 8 日信息表明，2012 年 12 月至 2017 年 6 月，全国共处分乡科级及以下党员干部 134.3 万人，处分农村党员干部 64.8 万人。中国对小微腐败也不放过的态度，得到了世界上很多国家的赞同。新加坡《联合早报》评论文章说，"打虎拍蝇"力度在中共历史上前所未有。反腐相关行动取得的成绩深得民心。[2]

把追逃追赃作为遏制腐败蔓延的重要一环。党中央把反腐败追逃追赃提升到国家政治和外交层面，纳入反腐败工作总体部署。2014 年 6 月 27 日，党中央决定设立中央反腐败协调小组国际追逃追赃工作办公室。中央和省级反腐败协调小组建立起集中统一的协调机制，加强基础工作，摸清底数，建立外逃人员数据库，制定责任追究制度，落实外逃人员所在党组织追逃责任。2015 年 3 月 26 日，中央反腐败协调小组国际追逃追赃工作办公室首次启动针对外逃

1　十八届中央纪律检查委员会向中国共产党第十九次全国代表大会的工作报告. 人民日报，2017-10-30（1）.

2　缔造发展奇迹　领航中国奋进——国际社会高度评价中国共产党领导中国取得的巨大成就. 新华社，2017-10-18.

腐败分子的"天网"行动。4 月 22 日，国际刑警组织中国国家中心局集中公布 100 名涉嫌犯罪外逃国家工作人员、重要腐败案件涉案人等的红色通缉令。2014 年至 2017 年 10 月，共从 90 多个国家和地区追回外逃人员 3453 名、追回赃款 95.1 亿元。[1]据中央纪委国家监委网站 2019 年 9 月 12 日信息，2015 年 4 月 22 日公布的"百名红通人员"名单上已有 60 人到案。

深化国际反腐败执法合作。中国积极倡导构建国际反腐败新秩序，参与制定相关规则，为全球反腐败治理贡献中国方案。一是推动联合国、二十国集团、亚太经济合作组织、上海合作组织、金砖国家等建立反腐败合作机制。包括主导制定《北京反腐败宣言》和《反腐败追逃追赃高级原则》，设立二十国集团执法合作网络。二是同美国、英国、加拿大、澳大利亚、新西兰等国建立双边执法合作机制，搭建联合调查、快速遣返、资产追缴便捷通道。截至 2020 年 11 月，中国已经同法国、意大利等 50 余个国家签署了引渡条约，与美国、加拿大、澳大利亚、新西兰等 60 余个国家签订了刑事司法协助类条约，与美国等 56 个国家和地区签署金融情报交换合作协议，与白俄罗斯、丹麦等 9 个国家反腐败司法执法机构签署了反腐败执法合作谅解备忘录，有力展示了中国反腐败体系不断完善。

中国在习近平总书记带领下开展的强力反腐，引起了国际关注。在英国 48 家集团俱乐部主席斯蒂芬·佩里和美国圣托马斯大学休斯敦分校教授乔恩·泰勒看来，中国领导层坚决进行反腐败斗争，体现出中共不断自我革新、不断发展的决心。

七、不断完善党内制度与党内法规体系

制度具有稳定性、根本性、长期性。全面从严治党，加强制度建设很关键。党的十八大以来，中国共产党扎实推进党的制度改革，扎紧制度的笼子，不断提升制度治党、依规治党的水平。

高度重视党内法规制度建设，坚持依法治国与制度治党、依规治党统筹推

1　十八届中央纪律检查委员会向中国共产党第十九次全国代表大会的工作报告. 人民日报，2017-10-30（1）.

进。要加强对权力运行的制约和监督，把权力关进制度的笼子里。2013 年 1 月，习近平总书记在十八届中央纪律检查委员会第二次全体会议上指出："要善于用法治思维和法治方式反对腐败，加强反腐败国家立法，加强反腐倡廉党内法规制度建设，让法律制度刚性运行。"2013 年 12 月，中共中央成立党的建设制度改革专项小组。不久，出台了《深化党的建设制度改革实施方案》，提出 26 项重点举措，为加强党的制度建设提供了重要依据和遵循。2014 年 10 月，党的十八届四中全会提出加强党内法规制度建设，形成完善的党内法规体系。会议指出，依法执政，既要求党依据宪法治国理政，也要求党依据党内法规管党治党。党内法规既是管党治党的重要依据，也是建设社会主义法治国家的有力保障。2015 年 6 月，习近平总书记在听取 2015 年首轮专项巡视汇报时指出，各级党委（党组）要坚持全面从严治党、依规治党、坚持不懈加强领导班子建设，完善党内法规监督体系，健全党内法规制度。

2016 年 12 月，中国共产党历史上第一次召开全国党内法规工作会议，通过了《中共中央关于加强党内法规制度建设的意见》，提出党内法规制度建设的指导思想、总体目标和重大举措，作出总体部署。习近平总书记作出批示，强调加强党内法规制度建设是全面从严治党的长远之策、根本之策，必须坚持依法治国与制度治党、依规治党统筹推进、一体建设。2019 年 10 月召开的十九届四中全会又对坚持和完善党和国家监督体系、强化对权力运行的制约监督作出部署，提出构建一体推进不敢腐、不能腐、不想腐体制机制。

党内法规制度体系建设取得重要进展。党的十八大以来，中共中央围绕规范党内政治生活、权力监督和制约等重大问题进行立规定制，将党内法规制度与国家法律相衔接，健全和完善了党内法规制度。

2013 年 5 月，中共中央出台了《中国共产党党内法规制定条例》和《中国共产党党内法规和规范性文件备案规定》，使中国共产党首次拥有了正式的党内"立法法"。2013 年 7 月，中共中央印发《关于废止和宣布失效一批党内法规和规范性文件的决定》。2013 年 11 月，中共中央出台《党内法规制定工作五年规划纲要（2013—2017 年）》，提出在五年时间内形成涵盖党的建设和党的工作主要领域、适应管党治党需要的党内法规制度体系框架。2014 年 10 月，中共中央印发《关于再废止和宣布失效一批党内法规和规范性文件的决定》。

这两个决定分别对 1978 年至 2016 年、中华人民共和国成立至 1977 年出台的中共中央党内法规和规范性文件进行集中清理，共全面筛查 2.3 万多件中央文件，梳理出 1178 件中央党内法规和规范性文件，废止 322 件、宣布失效 369 件。这是中国共产党历史上第一次对已有的党内法规进行集中清理，及时废止了不合时宜或基本失效的法规制度，提高了党内法规制度的时效性，为进一步完善党内制度体系奠定坚实基础。

党的十八大以来，中国共产党先后制定或修订出台了《中国共产党廉洁自律准则》《中国共产党纪律处分条例》等 80 多部党内法规，初步形成了涵盖党的建设和党的工作主要领域、适应管党治党需要的党内法规体系框架，基本实现用制度治党。

加强党内法规制度的切实执行。党中央通过出台一系列改革举措来推动党内法规实现真正落地。例如，为严格执行《党政机关厉行节约反对浪费条例》和《党政机关国内公务接待管理规定》，党中央大刀阔斧进行公务用车改革，坚决清理不合规的办公用房，严格按规定使用"三公"经费。为落实《党政领导干部选拔任用工作条例》，党内组织部门采取多种措施，对干部人事档案分级、分批进行系统专项审核。在干部教育培训方面，党中央严格贯彻《干部教育培训工作条例》，加强对学员的管理，加强干部学风建设。

为了让制度成为硬约束、真正带电的"高压线"，党中央加大了对违规行为的惩治和处罚力度，党委尤其是纪检部门对违纪党员的立案调查和处理坚决不留空白和死角。例如，党中央对违反八项规定的党员给予严肃处理。仅 2019 年，全国纪检监察机关共查处违反中央八项规定精神问题 6.1 万起，处理党员、干部 8.6 万人，给予党纪政纪处分 6.6 万人。广大党员干部的精神面貌焕然一新，党心民心为之大振。

打铁必须自身硬。只有我们把自我革命搞好，把党建设得坚强有力，才能把新时代坚持和发展中国特色社会主义这场伟大社会革命进行好。政治路线确定之后，干部就是决定性因素，搞好自我革命必须充分发挥好党员领导干部的模范带头作用。只有各级领导干部带头以身作则、率先垂范，不怕揭短亮丑，敢于纠错纠偏，善于净化革新自己，才能把伟大的自我革命进行到底，才能把党建成世界上最强大的政党。

后 记

　　记录时代，感悟时代，是每一个史学工作者责无旁贷的历史责任。党的十九大报告指出，经过长期努力，中国特色社会主义进入了新时代，这是我国新的历史方位。这就权威界定了中国已经来到了新的历史起点。学界曾就新时代的时间起点有过议论。2021 年 11 月 11 日，党的十九届六中全会通过的《中共中央关于党的百年奋斗重大成就和历史经验的决议》指出，党的十八大以来，中国特色社会主义进入新时代。

　　那如何为新时代的中国画像呢？学界同仁可谓见仁见智，有的研究者按照编年的写作方式展开，有的研究者按照党代会召开分阶段展开。本人把新时代作为一个整体，从新的历史方位和新的奋斗目标切入，阐述中国共产党如何书写新时代的中国新篇章。新时代最鲜明的底色是全面深化改革开放，因而本书把全面深化改革开放作为第一章，使之贯通整本书。第二章至第九章分别就经济建设、民主政治建设、文化繁荣、社会进步、生态文明、军队国防、祖国统一、大国外交展开，每一章的标题拟定尽量体现新时代该领域的成就性特点。第十章就加强党的全面领导和党的建设展开，旨在为新时代的中国续写辉煌提供坚强领导和政治保证。简言之，本书主旨在于全方位、立体化且简要展示新时代党和国家事业取得的历史性成就、发生的历史性变革。

　　一本十多万字的小书，很难为一个宏大时代取得的丰功伟绩描绘出清晰的图案。为了尽量达到目的，本书既选择了中共中央在各领域提出的重大战略思想、采取的重大战略举措，又尽量采取细节式描写，精心选择个案，真情讲述老百姓身边的故事。同时，观照到中国已经是具有世界影响力的负责任大国，还尽量在每一部分引用了世界各国人士观察中国的感悟。尽管有的国际人士的观察式言说不一定符合我们的口味，但也能为我们更客观地认识自己提供他者视角。

当代人治当代史难。难在这段历史刚刚过去，新时代仍在继续，有些事情还没有完全呈现，有些事情还没有结束，不好仓促作出定论。好在我们与时代同行，时刻感受着新时代的新气象新风采，能把我们的亲身感悟，用笔把它们记录下来。当然，肯定也会挂一漏万，有的评价可能经受不住历史的检验，也请各位读者多提宝贵意见，推动我们更好地为这个伟大的时代做好记录工作。书中引用了不少重要文献、著名学者的成果，尽量一一注释，对他们表示诚挚的感谢。这也是我主持的国家社科基金重大项目《新时代十年的伟大变革的深刻内涵和里程碑意义研究》的阶段性成果。

感谢中国大百科全书出版社领导的热情邀请和高度信任，也感谢编辑的高度负责和精益求精，使得本书能顺利交稿、付印，与广大读者见面。当然，还要感谢我的爱人和一对可爱的女儿，她们的无私支持和健康快乐，给我著书立说以强大动力。

沈传亮

于大有庄 100 号

2020 年 5 月记

2023 年 12 月修改